AF357683

TRAITÉ
DE LA VERITÉ
DE LA
RELIGION
CHRETIENNE,

Tiré du Latin de

Mr. J. ALPHONSE TURRETTIN
Profeſſeur en Théologie & en Hiſtoire
Eccléſiaſtique à GENEVE.

SECTION III.

De la Vérité de la REVELATION
JUDAÏQUE.

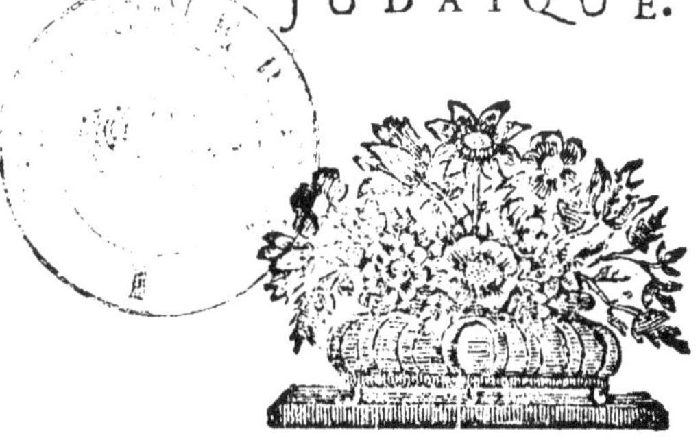

A GENEVE,
Chez HENRI-ALBERT GOSSE & COMP.

MDCCXL.

TRAITÉ
DE LA VERITÉ
DE LA
RELIGION
CHRETIENNE.

SECTION III.

I De la Verité de la REVELATION JUDAÏQUE.

Introduction.

APRE'S avoir reconnu la néceſſité d'une *Révélation*, & en avoir marqué les vrais caractéres, il eſt tems de chercher en quel lieu elle ſe rencontre. Mais autant

L

que

que cette recherche eſt néceſſaire, autant demande-t-elle de circonſpection. Car comme il importe de ne pas rejetter la vérité quand Dieu nous la préſente, il importe auſſi de ne pas ſe laiſſer ébloüir par de fauſſes lueurs. Dans le prémier cas, ce ſeroit profanation & impieté; dans le ſecond, ce ſeroit crédulité & ſuperſtition; & un homme ſage doit également éviter l'un & l'autre *.

Pour faire cet examen, il ne ſera pas néceſſaire de paſſer en revûë tous les ſiécles, ni tous les Peuples de la terre. Un coup d'œil ſuffit, pour voir que la plûpart ne méritent pas qu'on s'y arrête, tant on y découvre de groſſiereté & d'extravagance. Fixons d'abord nos regards ſur le ſeul coin du monde, qui paroît avoir été long-tems le réfuge de la lumiére, pendant que tout le reſte étoit couvert d'épaiſſes ténébres. Si la vérité s'y rencontre, nous ſerons diſpenſez

Voyez ci-deſſus *Sect. I. Chap. 2. pag. 10. & ſuiv.*

---

* *Eſt enim periculum ne aut neglectis iis, impiâ fraude, aut ſuſceptis, anili ſuperſtitione obligemur.* Cicero de Divinitat. Lib. I. Cap. IV.

fez de la chercher ailleurs , & par cette voye abrégée , nous faurons tout d'un coup quel jugement il faut porter des Religions différentes de celle-là.

Ce coin du monde c'est la Judée. Au milieu de l'Univers Idolâtre , les Hébreux feuls ont confervé le culte du vrai Dieu. Ils nous produifent un corps d'Ecritures , qui est le plus ancien Livre qu'il y ait au monde. Ce Livre , à ce qu'ils difent , contient l'Hiftoire & les Leçons de plufieurs Prophétes que Dieu a fufcitez parmi eux. Et tandis que les Annales des plus grandes Monarchies fe font perduës , il est remarquable que celles-ci ayent refifté aux injures du tems , & aux plus terribles révolutions qu'un Etat puiffe jamais éprouver.

,, La rencontre de ce Peuple m'é-
,, tonne, *dit* Mr. PASCAL , & me
,, femble digne d'une extrême atten-
,, tion, par quantité de chofes ad-
,, mirables & fingulieres, qui y pa-
,, roiffent. C'est un Peuple tout com-
,, pofé de fréres ; & au lieu que les

,, autres font formez de l'affemblage
,, d'une infinité de familles, celui-ci,
,, quoi que fi étrangement abondant,
,, eft tout forti d'un feul homme. Ce-
,, la eft unique.

,, Ce Peuple eft le plus ancien qui
,, foit dans la connoiffance des hom-
,, mes ; ce qui me femble lui devoir
,, attirer une vénération particuliére,
,, & principalement dans la recherche
,, que nous faifons ; puifque fi Dieu
,, s'eft de tout tems communiqué aux
,, hommes, c'eft à ceux-ci qu'il faut
,, recourir, pour en favoir la Tradition.

Dans ce Livre qu'ils nous produifent, & que nous nommons l'*Ancien
Teftament*, on trouve des *Dogmes*,
des *Loix*, des *Hiftoires*, & des *Prophéties*, qui méritent une attention
particuliére, & qui portent des marques fenfibles de divinité. Examinons ces quatre articles l'un après
l'autre. Quoiqu'il pût fuffire à des
Chrétiens d'écouter là-deffus le témoignage de Jesus-Christ & des
Apôtres, qui confirment par tout la
Loi & les Prophétes, cependant puif-

que

que la Religion Judaïque n'eſt pas
deſtituée de preuves propres & directes
de ſa vérité, il eſt bon de commen-
cer par là, avant que d'employer l'autorité de l'Evangile, qui ne fera enſuite qu'y donner un nouveau poids.

CHAPITRE PREMIER.

*Des Dogmes de la Religion Judaïque;
& particuliérement de l'idée qu'elle
donne de Dieu.*

LA baſe de toute Religion, c'eſt la
connoiſſance du prémier Etre. A
cet égard, il n'y a ni Peuple, ni
Secte de l'antiquité, qui puiſſe entrer
en comparaiſon avec les Hébreux. Pendant que toute la Terre avoit laiſſé
perdre cette précieuſe connoiſſance,
ou l'avoit défigurée au point que
nous l'avons vû ci-devant, eux ſeuls
ont toûjours fait profeſſion de reconnoître un prémier Principe, ſpirituel,
inviſible, exiſtant avant tous les ſiécles.

*Sect. I.
pag. 10. &
ſuiv.*

cles †. Moïse le définit simplement, *Celui qui eſt*, pour marquer que l'être & la vie ſont en lui comme dans leur ſource. Son nom eſt *l'Eternel*. En vain prétendroit-on le renfermer dans un Temple. *Les Cieux ſont ſon trône, & la terre ſon marchepied. Quelle maiſon lui édifieriez-vous ? Et quel ſeroit le lieu de ſon repos ? Sa main a fait toutes ces choſes ; Il remplit le Ciel & la Terre.* Rien encore de plus majeſtueux, que la maniére dont ſa Puiſſance eſt décrite : *Il dit, que la lumiére ſoit, & la lumiére fut ;* paroles qu'un Rheteur Payen a donné pour exemple du vrai ſublime. *Les Cieux ont été faits par la parole de l'Eternel, & toute l'armée des Cieux par le ſoufle de ſa bouche. Il a dit, & les choſes ont reçû l'être ; il a commandé, & elles ont comparu. Il fait des Vents ſes meſſagers, & des flammes de feu ſes miniſtres. Toutes les Nations ne ſont devant lui que comme une goute d'eau, & la terre qu'elles habitent,*

Exod. III. 14.

Eſaïe LXVI.

Gen. I.

LONGIN.

Pſeaume XXXIII.

Pſeaume CIV.

Eſaïe XL.

---

† Voyez Du Plessis Mornai, de la Vérité de la Religion Chrétienne, *Ch.* XXI.

tent, que comme un grain de pouffiére. Tout l'Univers eft en fa préfence comme un rien. C'eft fa Providence qui régle toutes chofes avec poids & mefure. *Il a mis des barriéres à la Mer, en lui difant : Tu viendras jufqu'ici, mais tu n'iras pas au de-là. Cette borne brifera l'orgueil de tes vagues. L'Eternel diffipe les confeils des Nations. Il anéantit les deffeins des peuples. Il fait monter fur le trône, & il en fait defcendre. Il tient dans fa main le cœur des Rois,* & les tourne *comme de l'eau dont on arrofe un jardin.* C'eft lui qui eft l'ame de la Nature. *Toutes les créatures s'attendent à lui, pour avoir leur pâture en leur tems. Quand il la leur donne, elles la recueillent, & quand il ouvre fa main, elles font raffafiées de biens. Cache-t-il fa face ? Elles font troublées. Retire-t-il leur foufle ? Elles défaillent & retournent en poudre. Mais s'il renvoye fon efprit, elles font créées, & la face de la terre fe renouvelle.* Sa Juftice & fes autres perfections ne font pas dépeintes avec moins de force. Il

Job. XXXVIII

Pfeaume XXXIII.

Pfeaume CIV.

fau-

faudroit copier une bonne partie des Livres Sacrez, si l'on vouloit rapporter tout ce qu'il y a de beau sur ce sujet. Je n'en alleguerai que quelques traits. *Les yeux de l'Eternel, dit* DAVID, *sont trop purs pour regarder le mal. Sa Justice s'éleve comme les hautes montagnes, mais sa Bonté atteint jusqu'aux nües, sa Miséricorde s'étend d'âge en âge. Il est lent à la colére, riche en bonté, disposé à pardonner tant & plus. Il a semé la lumiére pour le juste, & la joye pour ceux qui sont droits de cœur.* Mais *les mechans seront retranchez comme le foin, & fauchez comme l'herbe. Que ceux-là soient confus, qui servent les Images, & qui se glorifient des Idoles.* L'hypocrite ne *couvrira point son forfait* devant lui. Car l'Eternel *sonde les cœurs & les reins,* il remplit tout de sa présence. *Où irai-je loin de ton Esprit, & où fuirai-je arriére de ta face ? Si je monte aux Cieux, tu y és. Si je me trouve au sépulchre, t'y voilà. Si je prens les aîles de l'aube du jour, & que je me loge derriere*

la

\ *la Mer, là aussi me saisira ta main,*
\ *là m'empoignera ta dextre. Si j'ai dit,*
\ *au moins les ténébres me couvriront;*
\ *voilà la nuit deviendra comme la lu-*
\ *miére autour de moi, & resplendira*
\ *comme le jour. Autant te font les té-*
\ *nébres que la lumiére.*

Telle est l'idée que l'Ancien Testament nous donne de la Divinité, idée si juste & si noble, qu'on peut dire hardiment qu'aucun des sages Payens n'en a approché. A la vérité on trouve dans ce même Livre des expressions qui ne répondroient pas à cette sublimité, si on vouloit les prendre à la lettre, comme ce qui est dit, que l'*Eternel se promenoit* dans le jardin d'Eden, qu'il *descendit* pour visiter la tour de Babel, qu'il se fit voir à Moïse seulement *par derriere*, qu'il étend *son bras*, qu'il ouvre les *yeux*, qu'il est *jaloux*, qu'il se *repent*, qu'il se *met en colére*, qu'il *endurcit* le cœur des hommes, qu'il les *tente* & les *aveugle*. Ce sont là des imperfections & des foiblesses, qui ne peuvent convenir à la Nature Divine. Aussi est-il visible

Réponse à quelques difficultez.

que

L 5

que l'Ecriture en ces endroits se sert
de façons de parler figurées & populaires, pour s'accommoder au génie
d'une nation toute charnelle, à qui
l'on ne pouvoit rien faire entendre
que sous des images sensibles. ,,La
,,*colére* en Dieu, dit S. A u g u s t i n,
,,n'est point une agitation & un trouble
,,de l'esprit, mais c'est le jugement
,,par lequel il punit le péché. Chez
,,lui penser une chose, & puis la revo-
,,quer, n'est point une inconstance ; ce-
,,la marque seulement le dessein qu'il
,,prend de changer les choses par une
,,sagesse, qui est elle-même ferme &
,,immuable … Mais l'Ecriture a vou-
,,lu parler pour tout le monde, & for-
,,mer son langage de maniére qu'il y
,,eut de quoi confondre l'orgueil, re-
,,veiller la paresse, exercer nos recher-
,,ches, & nourrir ceux qui sont intelli-
,,gens. Et c'est ce qui n'arriveroit
,,point si elle ne s'étoit rabaissée, & si
,,elle ne descendoit, pour ainsi dire,
,,jusqu'à nous,,.

Dieu ouvre les *yeux*, & étend son
bras. Cela veut dire qu'il découvre,

&

& qu'il agit comme font les hommes par le moyen de leurs yeux & de leur bras. Il *defcend*, c'eſt-à-dire, qu'il connoît ce qui ſe paſſe, comme quelqu'un qui ſe tranſporteroit ſur les lieux. ,, Dieu ne va point d'un lieu ,, à un autre, dit le même *S. Auguſtin*, ,, puiſqu'il eſt par tout en même-tems. ,, Mais on dit qu'il deſcend, lors que ,, faiſant ſur la terre quelque choſe de ,, miraculeux & de ſurnaturel, il don- ,, ne par-là des marques ſenſibles de ,, ſa préſence. L'*Eternel s'irrite*. l'*E-ternel ſe repent*, pour dire qu'il châtie ſévérement, comme feroit un homme en fureur, ou qu'il ceſſe d'executer quelque choſe, comme font les hommes quand ils ſe repentent.

Ce ſtyle eſt ſi ordinaire à toutes les Langues, ſur tout dans l'uſage familier, qu'il ſeroit preſque impoſſible d'y en ſubſtituer un autre. C'eſt par la même raiſon qu'on voit quelquefois attribuer à Dieu ce qui ne convient proprement qu'aux ſymboles extérieurs par où il ſe manifeſte. Tel eſt l'endroit de la *Genéſe*, où Dieu

eſt

Aug.
de Civit.
*Dei.*Lib.
X V I.
Cap. v.

eſt repréſenté comme ſe *promenant avec le vent du ſoir*, pour dire, qu'il eſfraya Adam par le moyen de ce vent, & qu'il s'en ſervit pour lui faire entendre une voix. Il eſt dit dans le mème ſens, que Moïſe *vit Dieu* comme *par derriére*, eu égard au ſymbole miraculeux de ſa préſence, qu'il ne lui laiſſa voir qu'en partie. Ces ſortes de métaphores ne doivent point être preſſées à la rigueur. L'équité & la bonne critique veulent qu'on les prenne dans leur vrai ſens, c'eſt à dire, pour des figures; autrement il n'eſt aucun Auteur à qui l'on ne pût faire dire mille abſurditez. Si quelqu'un prétendoit, qu'avec les mêmes couleurs on pourroit pallier juſqu'aux plus groſſiéres expreſſions des Payens touchant leurs Divinitez, il ſeroit facile de lui faire entendre que le cas eſt très-différent. La raiſon veut que l'on prenne les termes d'un Auteur dans un ſens conforme à ſes ſentimens & à ſon eſprit, tels qu'ils paroiſſent dans le cours de tout l'Ouvrage. Ce n'eſt point par quelques phraſes

fes femées çà & là qu'il faut expliquer le fonds d'un fyftéme ; c'eft au
contraire au fonds du fyftéme d'ailleurs
connu, qu'on doit ajufter ces phrafes.
Le langage conftant & foûtenu des Payens, fait affez comprendre, que leurs
idées prifes au naturel, étoient abfur-
des. Le faux n'y eft point démenti ni
rectifié par le vrai ; au lieu que, dans la
Bible, mille textes pour un nous en-
feignent au jufte ce qu'il faut penfer
de Dieu ; & s'il s'y rencontre quelque
terme ambigu ou fufceptible d'un mauvais fens, le correctif n'eft pas loin.
,, Les vrais caractéres de la Divinité,
,, dit fort bien Mr. DE LA MOTHE,
,, font pofez en principes en tant d'en-
,, droits de l'Ecriture Sainte, que
,, quand les Auteurs facrez viennent
,, à employer les figures, on les re-
,, connoît d'abord pour ce qu'elles
,, font, & on ne les apprécie que ce
,, qu'elles valent : au lieu que dans
,, *Homére*, par exemple, ces préten-
,, duës figures font elles - mêmes les
,, principes, & qu'il n'y a rien d'ail-
,, leurs qui avertiffe l'efprit de ne

les

Difcours
fur l'*Ilia-
de.*

„ les pas prendre à la lettre „.

Cette remarque peut s'appliquer également aux paffages qui femblent faire Dieu auteur du mal. L'Ecriture Sainte n'enfeignant rien fi clairement que la parfaite Sainteté de Dieu, il eft jufte d'interpreter conformément à cette doctrine les endroits qui paroiffent s'en éloigner. Et, en effet, fi l'on examine de près ces endroits-là, on verra qu'il n'y en a aucun qui ne puiffe fort bien s'entendre, ou des circonftances, dans lefquelles Dieu nous place, ou des épreuves & des tentations par lefquelles il nous fait paffer, ou de ce qu'il permet que le mal entre dans le fyftéme de fa Providence, bien que lui-même n'y ait aucune part; ou de ce qu'il dirige à fes fins les péchez des hommes, & fe fert quelquefois de leur méchanceté même * ; ou enfin de ce qu'il refufe ou retire des graces dont on s'eft rendu indigne, ce qui produit l'aveuglement du pécheur,

&

---

* Voyez BASILE *Hom.* 19. & SCHERLOCK, *de la Providence*, Ch. VI. & les *Préliminaires* de DUPIN fur la *Bible*, Liv. I.

& qui est comme un prélude de sa réprobation. Les Anciens, & sur tout les Orientaux avoient coûtume, pour élever d'avantage la Providence, de la faire intervenir † en toute occasion, & de lui attribuer même, ce en quoi elle n'agit qu'indirectement & par le moyen des causes secondes. Et il est vrai qu'on peut lui rapporter tout, pourvû qu'on l'entende d'une manière digne de Dieu, & convenable à la nature du sujet. C'est là un langage populaire & pieux, qui a même son fondement dans la Philosophie, aussi bien que dans la Religion.

En général il est bon de remarquer touchant la manière dont l'Ecriture Ste. parle de Dieu, qu'elle a eu moins en vûë, de nous le représenter tel qu'il est en lui-même, que tel qu'il est par rapport à nous. Ce n'est pas tant sa nature & son essence qu'il nous importe de connoître, que ses qualitez rélatives de Créateur, de Juge, de Maître bon, juste, & sage. La Religion n'est point une

† LACTANT. Lib. I. Cap. XVIII. CLERICUS in *Genef.* X. ℣. 9.

une Science de curiofité, mais de pieté & d'édification. Que le Metaphyficien s'arrête à creufer les profondeurs divines, s'il en eft capable. Il fuffit au fidéle de connoître Dieu par les côtez qui le touchent, & qui peuvent lui infpirer de l'amour, de la crainte & de la foumiffion pour lui; comme il fuffit à des Sujets d'être inftruits des ordres de leur Prince, & de fon autorité légitime, fans avoir befoin de connoître fes deffeins fecrets. De là cette belle penfée de MOÏSE: *Les chofes cachées font pour l'Eternel, & les chofes revelées font pour nous & pour nos enfans.*

Cette obfervation eft d'un grand ufage dans la Théologie, & on peut l'étendre à divers fujets. Par exemple, il y a des cenfeurs qui trouvent mauvais que l'Ecriture femble approuver des opinions qui paffent aujourd'hui pour fauffes en Phyfique; comme lors qu'elle dit, que la terre *eft immobile fur fes bafes*, & qu'elle parle des *Cieux* au nombre pluriel, &c.

Mais

Deuter. XXIX. 29.

Mais cette censure est tout-à-fait in-
juste. Voudroient-ils donc que le Saint
Esprit eût abandonné le langage commun pour parler celui des Philosophes, & même des Philosophes qui ne
devoient venir que plusieurs siécles
après * ? Cette exactitude mal pla-
cée n'auroit servi qu'à révolter les
esprits qui étoient alors imbus de préjugez tout contraires, & à faire perdre toute créance aux Ministres de
Dieu ; ensorte que pour vouloir guérir les hommes sans nécessité de certaines erreurs indifférentes, ils auroient
manqué de les instruire des seules véritez qu'il importe de savoir. Il y
a assez d'obstacles & d'illusions à combattre dans l'esprit humain, par rapport à la foi & à la morale, sans
qu'il faille encore le heurter par d'autres endroits qui ne sont rien au salut. Le but de la Religion n'est pas
de nourrir nôtre curiosité, ni de nous

M

rer-

* Voyez le *Traité de la Vérité de la Religion
Chrétienne* d'ABBADIE, *Sect*. III. *Chap.* XVIII;
& la *Conformité de la Foi avec la Raison*, par Mr.
JAQUELOT, *Partie* II. *Chap.* I.

rendre Philosophes. Ce qui regarde les
Sciences humaines n'est point de son
ressort. Là - dessus elle ne se met
point en peine de redresser nos faus-
ses idées ; elle suppose les opinions
communes , quelles qu'elles soient, &
ne se pique pas d'employer d'autre style
que celui du peuple. Les Philosophes
eux-mêmes n'en font-ils pas autant, lors
qu'il ne s'agit pas précisément de la
question qu'ils veulent éclaircir ? Pourvû qu'un Auteur traite exactement le
sujet qu'il a en vûë , on n'exige point
de lui la même précision dans les autres choses. A cet égard il suffit de
parler comme tout le monde. Les
Ecrivains Sacrez n'étoient point appellez à combattre tous les préjugez de
leur tems, sur des choses qui n'inte-
ressoient point la foi ni les mœurs.
Ils se font contentez de nous *guider*
en toute vérité par rapport à la doctrine du Salut, laissant le monde pour
le reste dans le même état où ils le
trouvoient , *& supposant certaines opi-*
nions populaires , sans les refuter , par-
ce qu'elles n'avoient pas de dangereu-
ses

ſes ſuites pour la Religion , comme l'obſerve Dom C A L M E T. Dans l'Ecriture Sainte , comme dans tous les autres Livres , il y a des choſes qui ſont de ſtyle , & non de dogme. *Euſebe, S. Chryſoſtome & S. Baſile* ont fort bien remarqué, qu'il n'étoit pas à propos que Möiſe & les Prophétes parlaſſent exactement des points de Philoſophie , & cette remarque eſt d'autant plus conſidérable dans leur bouche , qu'ils vivoient dans un tems où le défaut des anciens ſyſtémes n'étoit pas encore apperçû.

Sur le VIII. de *S. Matth.*

EUSEB. *Prep. Ev.* L. XV. C. VIII. CHRY- SOST. ſur la *Geneſe.* BASIL. *in Exae- mer.*

CHAPITRE II.

Suite des Dogmes de l'Ancien Teſtament.

EN continuant d'examiner la Doctrine de l'Ancien Teſtament , nous trouverons qu'elle explique parfaitement ce qui a fait l'embarras & la torture des Philoſophes les plus éclairez. Ils diſputoient ſans fin ſur l'ori-

gine

gine du Monde ; les uns le difoient éternel ; les autres formé par un concours fortuit d'atomes ; la plûpart regardoient le Ciel & la Terre comme les prémieres Divinitez. On ne favoit à quoi s'en tenir là-deffus, & plufieurs étoient jettez par-là dans le Pyrrhonifme *. Ici nous apprenons que le Ciel & la Terre font l'ouvrage de Dieu, que l'admirable ftructure de l'Univers eft le chef-d'œuvre de fa fageffe, & que le Genre Humain fort d'une feule tige. La plûpart ne favoient que penfer de la conduite du Monde. Roule-t-il au hazard ? Ou bien eft-il gouverné par une fage Intelligence ? C'étoit le grand Probléme de l'Antiquité. Plufieurs fuppofoient un certain enchaînement éternel dans les chofes, qu'ils appelloient le *Deftin*. D'autres donnoient dans l'Aftrologie judiciaire, croyant que tout étoit réglé par l'influence des Aftres. Ici l'on apprend qu'au lieu de ces caufes imaginaires, c'eft la Providence divine qui fait mouvoir les refforts de cette vafte machine, qui donne

des

* Voyez dans le *Dictionnaire* de BAYLE, l'article de *Xenophane*.

des Loix à l'homme , qui dirige les affaires d'ici bas , qui se revéle en tems & lieu , qui tient les Nations dans la balance, & régle la destinée des Peuples. Les Philosophes cherchoient avec perplexité ce qui avoit pû donner entrée au *Mal* parmi les hommes. De-là ce fameux systéme d'un bon & d'un mauvais Principe , dont l'un a semé le bien, & l'autre le mal. Ici nous découvrons avec plus de fondement , que , d'un côté, Dieu juge à propos de mêler nôtre vie de quelque amertume , pour des raisons conformes & à sa sagesse & à nôtre utilité; & de l'autre, que le plus grand nombre des maux qui inondent la Terre , sont une malheureuse suite du péché , lequel est aussi ancien que le Monde , puis qu'il y est entré par nôtre premier Pére , & s'est de là répandu chez tous ses descendans. Rien encore de si débatu autrefois que la question du Souverain Bien, & de la vraye fin de l'homme. Les uns vouloient que nous fussions nez pour la volupté , d'autres pour la contempla-

 tion;

tion ; quelques - uns loüoient la Vertu nuë & fans récompenfe. Mais dans l'Ecriture Sainte nous apprenons, que l'homme eft fait pour obéïr à Dieu, que fa grandeur confifte dans la pieté, & fon bonheur dans la communion & la grace de celui qui eft la prémiere fource de tout bien.

La Religion Judaïque confirme ainfi d'une part les notions naturelles , & de l'autre éclaircit des difficultez que la fimple Raifon ne pouvoit réfoudre. Il eft vrai qu'elle ne renferme pas tout ce que l'Evangile a depuis mis au jour, & qu'elle ne parle pas bien clairement de la Vie à venir. Il y avoit des fecrets refervez à l'avénement du Meffie, & on doit toûjours fe fouvenir que la Loi de Moïfe n'étoit qu'une entrée & une préparation à une Oeconomie plus parfaite. Un Pére ne montre pas à fes enfans dès leur bas âge tous les tréfors qu'il leur deftine , & un Maître fage a foin de proportionner fes inftructions à la portée de fes Ecoliers , donnant du lait , comme dit S. *Paul*, à ceux qui font foibles, en at-

ten-

tendant qu'ils puiſſent digérer les vian-
des ſolides. Le génie groſſier du Peuple Hébreu ne vouloit pas être élevé tout d'un coup à la ſublimité de
nos myſtéres, ni à la recherche des
biens purement ſpirituels. Il falloit
le retenir par quelque choſe de plus
viſible & de plus marqué. C'eſt pourquoi la Providence ſe déployoit alors
par des effets ſenſibles, c'eſt-à-dire,
par des bénédictions ou des malédictions temporelles, plus qu'elle ne fait
maintenant, & cela par une ſorte de
compenſation très-ſage. Car l'attente
de la Vie à venir ſuppléant à ce qui
peut manquer pour le préſent au ſa-
laire de la Vertu, il a été à propos que la Juſtice divine ſe manifeſtât
plus ou moins dans cette Vie, à pro-
portion que cet avenir étoit plus ou
moins caché. Il ne faut pas croire
cependant qu'il n'y eût rien dans l'Ancien Teſtament, qui fût propre à ou-
vrir les yeux là-deſſus aux perſonnes
intelligentes. La haute idée qui nous
y eſt donnée des perfections de Dieu,
les fréquens exemples de ſa haine pour

M 4

le

le crime, la mort indigne d'*Abel*, la deſtinée d'*Enoch* & d'*Elie*, les promeſ-ſes faites aux Patriarches, & dont l'éten-duë ne ſembloit pas ſuffiſamment rem-plie par les *jours courts & mauvais* qu'ils avoient paſſé ici bas, enfin pluſieurs dé-clarations ſemées çà & là, laiſſoient aſ-ſez entrevoir quelque choſe de plus con-ſidérable qu'une Vie terreſtre. Quand il n'y auroit que l'exhortation ſi ſouvent réïterée de mettre toûjours ſa confiance en Dieu, & de ne rien craindre quoi qu'il arrive, parce que finalement le Juſte ſera délivré, & que l'Impie de-meurera confus, cela pouvoit tenir lieu aux anciens Fidéles de promeſſes plus claires qui leur manquoient. C'étoit aſſez pour eux de ſavoir en général, qu'il y a un gain aſſûré à ſervir Dieu, & qu'on doit eſpérer en lui dans quel-que état que l'on ſe trouve, ſans perdre même cette eſpérance à l'heure *Proverb.* de la mort, comme dit *Salomon*. Un
XIV. 32. eſprit qui eſt plein de foi doit être aſ-ſez touché de ces promeſſes, quoi que générales, pour s'affermir conſtam-ment dans le parti de la Pieté.

Paſ-

Paſſons maintenant aux Loix de l'Ancien Teſtament, & voyons ſi ces Loix, qui font nôtre ſecond article, répondent à l'excellence des Dogmes.

CHAPITRE III.

Des Loix MOSAÏQUES, & prémierement des Loix Morales.

NOus ſuivrons ſur cet article, la diviſion ordinaire des Loix de l'Ancien Teſtament, en Loix *Morales, Cérémonielles & Politiques.*

Le précis des Loix Morales ſe trouve dans le Décalogue, qui eſt partagé en deux Tables. La premiére comprend nos devoirs envers Dieu, & la ſeconde, nos devoirs envers les Hommes. On ne peut nier que ce ne ſoit un excellent abrégé du Droit naturel, très-propre à faire fleurir chez un Peuple la Pieté & la Juſtice. Après les ſaines idées qui ont été données de Dieu, par oppoſition aux erreurs

M 5　　　　　　de

de ce tems-là, il est ordonné de le craindre, de l'aimer, de le servir lui seul, d'avoir en horreur les Idoles & toutes les Superstitions Payennes. La Loi & les Prophétes s'expriment là-dessus avec une sagesse & une force incomparable, sur tout *Esaïe* en divers endroits, & *Jérémie* dans son Xme. Chapitre. La pure Raison parle par leur bouche ; On ne voit rien de si beau chez les Philosophes. STRABON rend témoignage aux anciens Juifs, d'avoir été vraiment *religieux & jus-*

tes. Les Egyptiens, dit aussi TACITE, *vénérent toutes sortes d'animaux & de simulachres. Mais les Juifs conçoivent un seul Dieu invisible, qui est esprit & intelligence pure, tenant pour profanes toutes les représentations des Dieux, sous des figures matérielles, & sous une forme humaine. Ils estiment que la Divinité est un Etre au dessus de tout, un Etre éternel, immuable, & immor-tel de sa nature. C'est pourquoi l'on n'apperçoit ni Images ni Statuës chez eux, pas même dans leurs Temples ; & jamais on ne les a vû se porter*

à

*à ce genre de flaterie pour leurs Rois
ni pour les Céfars.*

Tel eft le glorieux témoignage que
leur rend cet Hiftorien, en penfant les
décrier. Il auroit pû ajoûter, que
non feulement leur Culte avoit un feul
Dieu pour objet, mais qu'il étoit
exemt de toutes les profanations qui
fe voyoient ailleurs, comme de l'effu-
fion du fang humain dans les Sacrifices, des Fêtes fcandaleufes, des
Myftéres impurs, des Aufpices & de
plufieurs genres de *Divination*, qui
avoient cours chez les Idolatres. Cette Nation, toute groffiere qu'elle paroît, n'a que des Cérémonies faintes, &
ne jure que par le nom de l'Eternel.
On n'y entend point parler de prefti-
ges, ni de tant de pratiques pueriles &
fuperftitieufes, auxquelles toutes les
Nations étoient fort adonnées. En
Chaldée, en Grece, à Rome, on couroit après les Devins. C'étoit la folie
des Grands & des Petits, des Magiftrats comme du Peuple. Les Hébreux
apprennent à ne mettre leur confiance
qu'en Dieu feul. *Il ne fe trouvera chez*
vous

Deuter.
XVIII.
10.11.

vous perfonne, dit Moïse, *qui faffe paffer par le feu fon fils ou fa fille, ni Devins s'avifans de faire des prédictions, ni gens qui faffent des prognoftics, ou qui ufent de préfages, ni aucun qui fe mêle de forcellerie & d'enchantement, ni homme qui confulte un efprit de Python, ni difeur de bonne avanture, ni aucun qui interroge les morts.* C'eft ainfi que de fages Loix guériffoient ce Peuple de la fuperftition, mieux que la Philofophie n'avoit fait dans les pays où elle étoit le plus cultivée.

Ailleurs le peuple demeuroit abandonné à lui-même, fans inftruction & fans guide. Ici les enfans fucent la pieté avec le lait, par le moyen des Saintes Ecritures : *Ces préceptes*, dit Moïse, *feront en ton cœur, tu les reciteras à tes enfans, tu y penferas en fortant de ta maifon & en y rentrant, à ton lever & à ton coucher ; tu les écriras même fur ta porte.* Chaque jour a fes heures de dévotion marquées, & chaque femaine fon jour, où l'on fe délaffe de fon travail or-

di-

dinaire, pour vaquer à la priére & à l'étude de la Loi. C'est *une Ecole & une Discipline toute sainte, propre à former un Peuple de Philosophes,* comme parle ORIGENE. „ Plusieurs „ Sages, dit aussi JOSEPHE, ont pensé „ sainement de la Divinité ; mais bor- „ nans leurs leçons à un petit nom- „ bre de Disciples, ils n'osoient en „ faire part à la multitude. Pour nô- „ tre Légiflateur, non seulement en „ suivant ses principes, il a éclairé son „ siécle de la connoissance de Dieu, „ mais il a tellement planté cette foi „ sur la terre, qu'elle y est enraci- „ née pour toûjours .... Entre les „ Maîtres, les uns se servent de ré „ gles pour dresser leurs Disciples, les „ autres remettent tout à l'exercice & „ à la pratique. Moïse joint ces deux „ méthodes. En même tems qu'il don- „ ne des préceptes, il nous apprend à „ les pratiquer ; ensorte que l'ordon- „ nance se tourne en coûtume. Et „ afin que personne n'ignore son de- „ voir, il a voulu que chaque Sab- „ bath, qui est un jour de relâche,

„ on

contre CELSE, *Liv.* IV. Liv. I.

contre Appion.

„ on s'assemblât pour lire la Loi;
„ précaution qui a été négligée par
„ les autres Législateurs, ce qui est
„ cause qu'une infinité de gens péchent
„ autant par ignorance que par ma-
„ lice „.

Les Loix qui prescrivent nos devoirs envers le Prochain, ne sont pas moins sages que celles qui appartiennent au culte de la Divinité. On y trouve tout ce qui est nécessaire pour entretenir la fidélité, l'équité, la douceur entre les hommes, l'amour de l'ordre, le repos de l'Etat & des familles, la paisible jouïssance que chacun peut demander de sa vie, de son honneur, & de ses biens. Non seulement le Pentateuque, mais tous les autres Livres de l'Ancien Testament, sont pleins là-dessus des plus beaux préceptes. Les maximes de charité n'y sont pas non plus oubliées, comme *Josephe* le fait bien voir, dans son second Livre contre *Appion*. Moïse ordonne d'avoir un grand soin des veuves & des pupilles : *Vous n'affligerez* *point la veuve ni l'orfelin; si vous les*

Exode *XXII.*

affli-

*affligez en quoi que ce soit, & qu'ils
crient à moi tant soit peu, certainement
j'entendrai leur cri ;* d'avoir des égards
pour les personnes qui ont quelque
défaut corporel, & cela en vûë de
Dieu, qui aime les actes d'humanité : *Tu ne parleras point mal du sourd, &*   *Levit.* XIX.
*ne mettras rien devant l'aveugle, qui
puisse le faire trébucher ; mais tu auras*   Ibid.
peur de ton Diéu. Je suis l'Eternel ; de respecter la vieillesse : *Leve toi
devant les cheveux blancs, & honore
la personne de l'ancien ;* de ne point
nourrir d'inimitié contre personne : *Tu
ne haïras point ton frére en ton cœur :
Tu n'useras point de vengeance, & ne
garderas point de rancune contre les
enfans de ton Peuple, mais tu aimeras
ton prochain comme toi - même. Je suis
l'Eternel. Si tu rencontres le bœuf de*   *Exode*
ton ennemi ou son âne égaré, tu ne   XXIII.
manqueras pas de le lui ramener ....
Il est ordonné pareillement de pourvoir à la subsistance des pauvres, en
les laissant glaner après la moisson, &
leur abandonnant tout ce que la terre
pouvoit produire d'elle-même l'année

Sab-

Sabbatique ; de payer le salaire des ouvriers dans le jour même, & de ne point retenir pour gage ce qui est nécessaire au pauvre pour sa subsistance ; de ne vendre personne pour esclave, comme cela se pratiquoit ailleurs ; de ne point maltraiter ceux qu'on avoit, mais de leur donner du relâche, & de les affranchir au bout d'un certain tems ; enfin de prêter sans intérêt à ses compatriotes, ce qu'on n'étoit pas obligé de faire envers les étrangers ; en quoi l'équité n'étoit point blessée. Car outre la différence du sang, qui demande qu'on ait plus d'égard pour les siens ; il faut savoir que les Nations voisines de la Judée s'occupoient du négoce, & prenoient de l'argent pour le faire valoir avec profit ; au lieu que les Juifs, qui tiroient toute leur subsistance de la culture de leurs terres, n'empruntoient que par nécessité. Ce qui étoit usure pour les uns, ne l'étoit pas pour les autres, & la Loi à cet égard n'avoit rien que de juste.

L'on a souvent reproché aux Juifs, d'être insociables & durs envers les étran-

« étrangers *. Il se peut faire que le
« peu de commerce qu'ils avoient avec
« les autres Nations, les rendit un peu
« farouches, ou fit croire qu'ils l'étoient.
« Peut-être qu'ils outroient en effet l'es-
« prit d'éloignement que leur Législa-
« teur avoit voulu leur inspirer pour
« les coutumes étrangéres. Du reste,
« il est certain, que la Police Judaïque
« n'avoit rien de contraire au Droit des
« Gens ; au contraire, on lit ce Précep-
« te au XIX. du *Lévitique*, lequel est
« souvent répeté ailleurs : *Si quelque*
« *étranger séjourne en vôtre Pays, vous ne*
« *lui ferez point de tort. Il vous sera*
« *comme celui qui est né entre vous, &*
« *vous l'aimerez comme vous-mêmes, car*
« *vous avez été étrangers au pays d'E-*
« *gypte. Je suis l'Eternel vôtre Dieu.*
« A l'égard de ceux du dehors, dit
« JOSEPHE, nos Loix sont tempé-
« rées de telle sorte, qu'en empêchant
« que

L. II,
contre
Appion,

N

---

* *Apud ipsos fides obstinata, misericordia in promp-*
tu, sed adversùs omnes alios hostile odium, dit
TACITE au Vme. Livre de ses Histoires ; &
JUVENAL dans sa XIVme. Satire :

Non monstrare vias eadem nisi sacra colenti ,
Quæsitum ad fontem solos deducere verpos.

,, que leur commerce ne puisse nous
,, corrompre , elles ne leur ferment
,, pourtant pas la porte , s'ils veulent
,, habiter parmi nous , & se conformer
,, à nos mœurs. Pour les autres , il
,, ne nous est pas permis de les fré-
,, quenter. Mais on ne leur refuse pas
,, le feu , l'eau & les vivres ; on a
,, soin de les redresser quand ils man-
,, quent leur chemin , & on ne les
,, laisse pas sans sépulture , quand ils
,, meurent dans nôtre pays ; en un
,, mot , on leur rend tous les devoirs
,, communs de l'humanité. Il nous est
,, même défendu dans la Guerre , de
,, brûler le pays ennemi , de couper
,, les arbres fruitiers , & de dépouil-.
,, ler les soldats blessez après le com-
,, bat. Nôtre Législateur pourvoit à
,, la sûreté des prisonniers , comme aussi
,, à l'honneur des femmes captives, en
,, ne permettant pas qu'on en abuse.
,, Il a même si fort à cœur de nous
,, inspirer la débonnaireté qu'il étend
,, ses soins à cet égard jusques sur les
,, animaux , défendant de tuer ou de
,, surcharger les bêtes de somme , &
,, d'oter

„ d'oter les péres & les méres à leurs
„ petits „. †

Là - deſſus on nous oppoſera peut-être l'ordre que Dieu donna aux Iſraëlites d'exterminer les Cananéens , ce qui ſemble d'une rigueur exceſſive. Mais , outre que la Guerre ſe faiſoit alors d'une maniére plus ſanglante qu'à préſent , & que ce qui nous paroît d'une extrême barbarie , n'étoit qu'un droit de repreſailles , il faut conſidérer ceci comme un cas particulier où la ſévérité étoit néceſſaire. Car il s'agiſſoit non ſeulement de faire une guerre ſuivant les Loix ordinaires, mais de châtier hautement une Nation dont le débordement étoit venu à ſon comble. Dieu pouvoit employer pour cela l'épée, auſſi bien que d'autres fleaux. Les Iſraëlites n'étoient que les exécuteurs de la vengeance célcſte, & il étoit bon d'y employer leur bras, afin que ce terrible exemple fît plus d'impreſſion ſur eux , & les détournât des crimes qui avoient perdu les premiers poſſeſ-

Réponſe à quelques obje&ctions.

N 2   ſeurs

† Voyez auſſi PHILON, *de la Charité.*

feurs du pays où ils entroient. Que fi quelques innocens fe trouvoient alors envelopez avec les coupables , c'eft là une fuite inévitable de toutes les calamitez publiques ; & après tout, Dieu eft le fouverain Arbitre de la vie des hommes. Il peut la leur oter quand & de la maniére qu'il lui plaît, fauf à lui d'y apporter les compenfa-tions que fa Bonté jugera néceffaires.

C'eft par de femblables principes qu'il faut juger de la permiffion qui fut donnée aux Enfans d'Ifraël d'empor-ter les vafes des Egyptiens. Dieu peut difpofer fouverainement des biens des hommes comme de leur vie, & il eft le Maître de tranfporter les héritages des uns aux autres par telle voye qu'il juge à propos, fans que cela tire à conféquence pour d'autres cas où l'or-dre du Ciel n'intervient pas expreffé-ment. A confidérer même cette action du côté des hommes feulement, on peut remarquer que le Droit de Na-tion à Nation n'eft pas tout-à-fait le même que celui de particulier à parti-culier, parce que n'y ayant point de
Tri-

Tribunal supérieur pour réparer le tort qu'un Peuple reçoit d'un autre, on se trouve dans la nécessité de se faire justice à soi-même. Or c'est précisément le cas où se rencontroient les Israëlites avec les Egyptiens. ,, Si on ,, les veut considérer comme en plei- ,, ne paix, dit PHILON†, on ne peut ,, les blamer d'avoir enlevé le salaire ,, qui leur étoit dû pour les travaux ,, qu'ils avoient faits, après en avoir ,, été frustrez tant d'années. Ou si ,, on les regarde comme étant dans ,, un état de guerre, c'est un strata- ,, gême, dont ils usérent légitimement ,, pour dépouiller leurs ennemis, en ,, attendant qu'ils pussent se défendre ,, à main armée, contre des aggres- ,, seurs qui avoient eu la perfidie de ,, les réduire en esclavage, après les ,, avoir reçûs sur le pied d'hôtes & de ,, supplians ,,.

Pour dire un mot des devoirs envers nous - mêmes, on sait que la Loi de Moïse défendoit soigneusement l'yvro-

Des devoirs envers nous-mêmes,

N 3

---

† De la Vie de MOÏSE, *Liv. I.* Voyez aussi le I. Livre des *Stromates* de CLEMENT ALEXAND.

l'yvrognerie, l'adultére, la fornication, & d'autres crimes, qui, bien que contraires à la nature, étoient pourtant communs & même tolerez chez les Payens. D'où il paroît que ce Légiſlateur s'eſt élevé fort au deſſus des autres, n'ayant pas ſeulement en vûë comme eux le gouvernement civil, mais la pureté des mœurs à tous égards. Il eſt vrai que cette même Loi permettoit le divorce & la polygamie, ce qui ſemble être une petite tache dans ce Tableau. Mais, outre que la premiere inſtitution du Mariage, telle qu'elle eſt rapportée par Moïſe, faiſoit aſſez voir quelle eſt la perfection de cet état, & que le contraire n'avoit été accordé aux Juifs qu'à cauſe de la dureté de leur cœur, comme le *Matth. XIX. 8.* dit JESUS-CHRIST; nous ne craignons pas d'avoüer qu'en ce point, comme en pluſieurs autres, l'ancienne Oeconomie eſt au deſſous de la nouvelle; ce qui n'empêche pourtant pas qu'on ne doive en admirer le prix & l'excellence, ſur tout ſi on la compare avec ce qui avoit cours alors chez les

au-

ε autres Nations.   Passons aux *Loix*
» *Cérémonielles.*

CHAPITRE IV.

Des Loix Cérémonielles , & des Loix Politiques.

OUtre ce qu'il y a de moral dans le Service Divin, comme l'*Adoration* , les *Priéres* , les *Hymnes* , les *Lectures pieuses*, qui faisoient la partie essentielle du Culte Judaïque ; Dieu avoit prescrit diverses Cérémonies , comme des Sacrifices , des Oblations, des Parfums, des Purifications, des Fêtes , & d'autres Observances , qui composoient ce qu'on appelle le *Service Lévitique.*

Ce Service , qui est aboli présentement, avoit alors son usage , ou politique , ou moral. C'étoient autant de figures, qui cachoient sous leur écorce quelque instruction importante , & qui parloient aux yeux de ce Peuple grossier. Les Sacrifices , par exemple ,

Fondement & usages du Service Cérémoniel.

N 5

mar-

marquoient que l'on se reconnoissoit coupable devant Dieu, & digne de souffrir la mort, ni plus ni moins que la victime immolée. Les Prémices & les Dîmes étoient un aveu de son Domaine souverain, un acte de reconnoissance pour les biens que sa main nous donne, & un moyen naturel de pourvoir à l'entretien des Sacrificateurs & des Lévites, qui ne possédoient rien en propre. L'établissement d'un Temple unique, où toute la Nation devoit se rendre pour sacrifier, servoit à la rallier en un corps, & à lui mieux inculquer la nécessité de servir un seul Dieu, vérité si peu connuë en ce tems-là. Les ablutions extérieures étoient un emblême de la pureté du cœur. La circoncision marquoit aussi le retranchement qui doit se faire en nous des impuretez charnelles; outre le premier dessein de cette coûtume, qui étoit de distinguer la race d'Abraham du reste du Monde, & d'imprimer sur leurs personnes un signe perpétuel & ineffaçable de l'alliance que Dieu avoit traitée auec eux. En-

fin

Voyez
Philon.

fin les Fêtes qu'ils célébroient, étoient
autant de mémoriaux de quelque grand
événement, comme nous le verrons
plus bas. Toutes les parties de ce Culte
avoient ainſi leur utilité, pour mieux
graver dans les eſprits la crainte de
Dieu, & le ſouvenir de ſes bienfaits.

J'avoüe qu'un ſi grand appareil de
Cérémonies ne paroît pas aujourd'hui
néceſſaire à ce but. Mais ſi l'on a
égard aux tems & aux perſonnes, on
verra que ſi de telles Loix ne ſont
pas les meilleures qu'on puiſſe donner, ce ſont au moins les meilleures
que les Iſraëlites pûſſent recevoir *.
Une Nation ſi groſſiére, & ſortant du
ſein de l'Egypte, ne pouvoit pas être
élevée tout d'un coup à un Culte auſſi
ſimple & auſſi pur que le nôtre. La
grande tâche du Légiſlateur étoit de
les prémunir contre l'Idolatrie. Ils y
avoient un malheureux penchant qui
ſe manifeſtoit en toute occaſion. De
là l'abomination du *Veau d'or*, & ce
Tabernacle de *Moloch*, qu'un Prophéte

N 5

leur

____

* Comme S*OLON* le diſoit de celles qu'il avoit
données à *Athénes*.

leur reproche †. Plufieurs fiécles suffirent à peine pour les guérir de cette maladie. Laiffer un tel Peuple fans Cérémonies, c'eût été lui donner lieu d'imiter celles des pays voifins, & de fe corrompre infailliblement. Le plus fûr étoit de lui prefcrire des Rites particuliers, qui, en s'accommodant à fon génie, ferviffent à l'éloigner des coutumes des Idolatres, & à mettre entre eux & lui une forte barriére. C'eft ce qu'explique fort bien le favant Rabbin MAIMO-

NIDES: ,, Lors que Dieu envoya ,, Moïfe, dit-il, la coutume univerfelle ,, étoit d'immoler plufieurs efpéces d'a,, nimaux dans les Temples des Idoles, ,, de fe profterner devant elles, & de ,, leur bruler des parfums, & il y ,, avoit par tout un ordre de gens ,, confacrez à ce fervice .... C'eft ,, pourquoi la Sageffe Divine n'a pas ,, voulu abolir tous ces ufages, ayant ,, égard au naturel des hommes, qui fe ,, févrent difficilement de ce à quoi ,, ils font accoutumez. Mais elle les ,, a laiffé fubfifter, avec cette diffé,, rence que ce qui fe pratiquoit à ,, l'hon-

,, l'honneur des créatures & pour des
,, objets de néant, a été tourné à
,, l'honneur du vrai Dieu. . . . Sa vûë
,, a donc été de déraciner l'Idolatrie,
,, & d'affermir entre nous pour jamais
,, les grands principes de l'exiſtence
,, & de l'unité de Dieu, ſans rebu-
,, ter des gens enclins à ces ſortes de
,, Cultes, & qui au défaut de ceux-
,, ci n'auroient pas manqué de s'en
,, faire d'autres ,,. Pluſieurs Peres de
l'Egliſe étoient déja entrez dans cette
penſée. *L'ancienne Loi*, dit E U S E B E, *étoit comme un Pédagogue qui inſ-
truit des enfans, en ſe mettant à
leur portée, ou comme un Méde-
cin propre à guérir le Peuple d'Iſraël
de la contagion d'Egypte.* Saint
C H R Y S O S T O M E diſtingue deux
ſortes de Préceptes, les uns qui ſont
toûjours bons en eux-mêmes, les
autres qui ſont bons rélativement à
de certaines conjonctures ; & dans
ce dernier rang, il met les ordonnances du Sabbath, des Sacrifices,
des Libations ; ,, leſquelles choſes,
,, *dit-il*, Dieu avoit preſcrites à ſon
,, Peu-

Demonſt.
Ev. Lib.
I. Cap.
V I.

Com-
ment.ſur
Iſaïe,
Chap. I.

,, Peuple , pour le détourner par ce
,, service assidu de la fureur de cou-
,, rir après les Idoles * ,,.

Tel a été le dessein général du Service Cérémoniel. De dire maintenant
à quoi pouvoit tendre chaque Rite particulier , & chaque circonstance de
ces Rites, c'est ce qui n'est pas facile
dans un tems si reculé. Toutefois les
Savans qui ont voulu creuser ce sujet,
n'y ont pas tout-à-fait perdu leurs
veilles †. Ils ont trouvé dans presque toutes les parties de la Loi une
opposition marquée aux coutumes des
Cananéens & des Egyptiens, pour servir de barriére entr'eux & le Peuple
d'Israël ; & en d'autres ils ont observé
un rapport très-sage avec la constitution de l'Etat Judaïque , qui n'étoit
proprement ni une République , ni
une

---

* TERTULLIEN dit la même chose, *adv.*
MARCION. Lib. II. *Sacrificiorum quoque onera &*
operationem , & oblationum negotiosas scrupulositates
nemo reprehendet , quasi Deus talia sibi desideraverit,
qui tam manifestè exclamat : Quò mihi multitudi-
nem sacrificiorum vestrorum ? & Quis exquisivit
ista de manibus vestris ? *Sed illam Dei industriam*
sentiat, quæ populum pronum in Idololatriam & trans-
gressio-

une Monarchie, mais une Théocratie, ainſi que l'appelle JOSEPHE. Dieu vouloit être regardé comme le Roi particulier de cette Nation. C'eſt pourquoi les *Cultes étrangers* paſſoient pour crime de Leze-Majeſté, & l'Idolatrie étoit punie comme une rebellion. Toutes les Loix émanoient de lui. On le conſultoit ſur la guerre & ſur la paix, & rien ne ſe faiſoit ſans ſes ordres. Dans la guerre, il marchoit à la tête de l'armée, & avoit ſa Tente dans les campemens. L'Arche étoit le ſymbole de ſa préſence. En tems de paix, il réſidoit au milieu de ſes Etats: Le Tabernacle, & enſuite le Temple de Jeruſalem étoit ſon Palais : Là, comme à la Cour des Princes, il y avoit des veſtibules, des ſalles, des appartemens plus ou moins communs, des lieux ouverts à tout
le

greſſionem, ejuſmodi officiis religioni ſuæ voluit adſtringere, quibus ſuperſtitio ſæculi agebatur, ut ab ea avocaret illos, ſibi jubens fieri quaſi deſideranti, ne ſimulachris faciendis delinqueret. Voyez auſſi JUSTIN Martyr, dans ſon *Dialogue* contre le Juif *Tryphon.*

†MARSHAM, *Chronicus Canon Ægyptiacus & Hebraïcus.* SPENCER, *de Legibus Hebræorum.* CLERICUS *in Pentateuchum.*

le monde, & d'autres refervez aux per-
fonnes privilégiées ; au fond fe voyoit
le cabinet facré du Monarque , où il
n'admettoit que fon prémier Miniftre.
Sa Maifon étoit compofée de plufieurs
ordres d'Officiers pour fon fervice &
pour fa garde. On fervoit fur fa table , c'eft à dire fur l'Autel , des bêtes graffes , des pains , des gâteaux,
des parfums & des liqueurs. Ce qui
s'y confumoit étoit regardé comme
fa portion ; le refte appartenoit à fes
Domeftiques. Il avoit fes utenciles, fa
vaiffelle, fes lampes, fes ameublemens,
& tout cela fort riche , comme il
convenoit à la Majefté d'un grand
Roi. Que ces chofes ne pûffent avoir
leur ufage myftique pour l'avenir ,
je ne le nie pas. Mais elles s'expli-
quent auffi fort naturellement avec la
clé qu'on vient de donner , & par là
tout ce détail du Service Lévitique,
qui paroît un peu étrange du prémier
coup d'œil , n'a plus de quoi nous
furprendre.

Que fi Dieu avoit eu de fages raifons pour l'établir , il ne vouloit pourtant

tant pas que son Peuple s'y arrétât au point d'oublier l'essentiel qui est envelopé sous ces figures. Plus d'une fois il leur déclare, que c'étoit là l'écorce & non l'ame de la Religion, & cela même en des termes qui vont jusqu'à rabaisser tout à fait cette partie de son Culte †. *,, Qu'ai-je à faire de la multitude de vos sacrifices ? je suis las des holocaustes de béliers & de bêtes grasses ; je n'ai point à gré le sang des agneaux ni des boucs . . . . Lavez-vous, nettoyez-vous, ôtez de devant mes yeux la malice de vos actions, cessez de mal faire, apprenez à bien faire, relevez celui qui est foulé, faites droit à l'orphelin. A quoi prens-je plaisir ? à ce qu'on use de gratuïté, & non qu'on m'offre des sacrifices ; à ce qu'on me connoisse, & non aux holocaustes. Si j'avois faim, je ne t'en dirois rien, car la terre habitable est à moi. Mangerois-je la chair des gros taureaux & boirois-je le sang des boucs ? Sacrifie plûtôt la loüange à Dieu*

Isaïe I.

Osée VI. 6.

Pseaume L.

---

† Voyez encore ici le *Dialogue* de JUSTIN Martyr avec *Tryphon.*

Dieu, & rends tes vœux au Souverain.
O Eternel, tu ne prens point plaisir aux
sacrifices, & l'holocauste ne t'est point
agréable ; autrement je t'en offrirois.
Mais le vrai sacrifice que tu aimes est
un cœur repentant. O Dieu, tu ne re-
jettes point une ame contrite & humiliée.

Enfin on auroit quelque lieu de re-
prendre ce Service Cérémoniel, s'il eut
été institué pour toûjours. Mais ce n'é-
toit là qu'une ordonnance *provisionnelle,*
si l'on peut parler de la sorte. S. Paul
l'appelle un *Pédagogue pour conduire*
à Jesus-Christ, & des rudimens
ou de *foibles élémens,* tels qu'un Maître en donne à de jeunes Ecoliers, en
attendant qu'ils soient plus avancez en
âge. L'ancienne Alliance servoit d'in-
troduction à la nouvelle, & figuroit
ce qui devoit s'y accomplir. Elle con-
tenoit les ombres de ce dont nous
avons le corps & la réalité. C'est
pourquoi, dès que le Messie a paru,
ces ombres se sont dissipées, le joug
des Cérémonies a été levé, & tout ce
Service rituel a fait place à un Culte
plus simple & plus noble.

Et

Et ce n'eſt point là une variation qu'on puiſſe blâmer dans la conduite de la Providence. Dieu eſt immuable de ſa nature, mais il proportionne ſes Loix aux conjonctures & aux ſaiſons, répandant dans un tems plus de lumiére que dans un autre, ſuivant que l'état & les beſoins des hommes le requiérent. Ce qui eſt de Droit naturel ne s'abolit point : Mais les Loix particulieres & de Droit poſitif, peuvent changer, dès que la fin, pour laquelle elles avoient été établies, ne ſubſiſte plus.

Mais Dieu n'auroit-il pas pû changer les circonſtances, & même le naturel des Juifs, plutôt que de leur donner une Loi qu'il a fallu reformer dans la ſuite ? Ouï ſans doute, il l'auroit pû ; & même il pouvoit tout d'un coup donner à tous les Hommes des lumiéres ſurnaturelles, & en faire des Anges. Mais ce n'eſt point là ſon plan, comme nous l'avons expliqué ailleurs. Dans la Grace comme dans la Nature, il ne prodigue point les effets de ſa puiſſance, & ne veut pas

Réponſe à une Objection.

Objection.

Réponſe.

*Sect. II.
Chap. IV.*

O

chan-

THEO-DORET. *Har.Fab.* Lib. V. Cap. XVII.

S.CHRY-SOST.

Sagesse des Loix Politiques des Hébreux

changer l'ordre des choses sans une grande nécessité. Il conduit tout par des voyes naturelles & simples, autant qu'il est possible, s'accommodant aux tems & aux personnes, & nous parlant plûtòt selon nôtre foiblesse, que selon sa force, comme s'exprime un Ancien; en quoi il y a certainement plus de dignité & de vraïe sagesse, que s'il faisoit à tout propos des coups d'éclat.

La considération des Loix *Politiques* du Peuple Juif, n'entre qu'indirectement dans nôtre plan. Cependant elles étoient si fort liées avec la Religion, qu'on ne peut se dispenser d'en dire un mot. Nous avons déja remarqué que JOSEPHE appelloit ce Gouvernement une Théocratie, pour faire entendre que Dieu avoit la souveraine autorité, soit dans le temporel, soit dans le spirituel. La même Loi qui se lisoit dans les Synagogues, pour inspirer la pieté au Peuple, étoit l'oracle des Tribunaux. Chaque devoir de la Société devenoit une affaire de conscience; & loin que la Religion

fut

fut aſſervie à la Politique, comme cela ſe voyoit ailleurs, ou que ces deux
intérets fuſſent ſeparez, la grande
maxime d'Etat n'étoit autre que de
tenir le Peuple fidéle au ſervice de
Dieu *.

Ailleurs les Temples, ſous ombre
de Religion, ſervoient d'Aſyle aux Cri-
minels ; ce qui étoit contre le bon
ordre & la ſûreté publique. Ici l'on
trouve, à la vérité, quelques Villes
de réfuge, mais qui ne ſervoient qu'à
ceux qui avoient commis un meurtre
par accident & ſans deſſein, afin de
les mettre à couvert de la pourſuite
des parens. Pour les autres meur-
triers, Dieu ordonnoit de les arra- *Exode* XXI. 14.
cher ſans miſéricorde du pied même
de l'Autel, pour les traîner au ſup-
plice.

La Loi du *Talion* avoit lieu preſque
en toutes choſes, & la réparation des

O 2

dom-

---

* C'eſt ce que remarque JUSTIN, l'Abbrevia-
teur de TROGUE POMPÉE, en parlant de ceux
qui avoient gouverné les Juifs, *Hiſt.* Lib. XXXVI.
Cap. 2. *Quorum juſtitiâ religione permiſtâ incredi-
bile eſt quantùm coaluêre.*

dommages se faisoit avec toute l'équité possible †.

Les Loix Civiles ne peuvent pas être les mêmes pour tous les Peuples ; elles varient suivant l'état de chaque Pays. C'est pourquoi les Juifs en avoient de particuliéres , qui n'ont pas pû être imitées ailleurs. L'égalité des Citoyens , & la conservation des Familles , chacune dans leur branche , & dans leurs possessions , étoit un objet fort important dans la constitution de leur Etat ; & c'est à quoi tendoit l'établissement du *Jubilé*, auquel tems les Esclaves étoient affranchis de droit , & où chacun pouvoit rentrer dans l'héritage de ses péres.

C'est encore une Loi bien singuliére, que celle qui ordonnoit de laisser reposer les terres tous les sept ans, sous la promesse que Dieu y pourvoiroit en rendant la sixiéme année doublement fertile. En suppofant que le Législateur se conduisoit par des vûës purement

ment

Lévit.
XXV.

† On remarque de grands rapports entre les Loix de *Moïse*, celles d'*Athénes* , & celles des *Douze Tables*.

ment humaines, on auroit bien de la peine à comprendre les motifs d'un tel établissement, qui exposoit tout un Peuple à de fréquentes famines, & qui l'auroit porté tôt ou tard à secoüer une autorité qui se seroit ainsi trouvée en défaut. Il est certain qu'un Imposteur tant soit peu habile n'auroit pas voulu se tendre un tel piege à lui-même, par un réglement que rien ne l'obligeoit de faire, & qui le commettoit extrémement. Mais posez la bonne foi de Moïse, les choses changent de face. Ayant le Ciel pour garant, il ne risquoit rien de faire ce qu'il a fait. Il a donc agi plûtôt en Prophéte qu'en fin Politique, & cet exemple joint à tant d'autres peut bien servir à justifier la droiture & la sincérité de sa conduite.

Après avoir ainsi consideré la Nature de la Révélation Judaïque en elle-même, & en avoir reconnu l'excellence, tant dans la *Doctrine* que dans les *Loix*, voyons si elle n'a point quelqu'autre preuve encore plus frapante de Vérité & de Divinité. Nous

O 3

en

trouverons dans les Miracles & les Prophéties , que l'Ancien Teftament renferme. Ce font les deux articles qui
nous reftent à examiner, & qui feront
comme une feconde Partie de cette
Section.

CHAPITRE V.

De la Partie Hiftorique de l'Ancien Teftament , & prémierement de l'Hiftoire de la GENESE.

L'Hiftoire de la *Genéfe*, n'eft pas
moins vénérable par fon antiquité, que précieufe pour les chofes qu'elle renferme. Elle remonte jufqu'à l'o-
rigine du Monde , & contient , pour
ainfi dire , les Annales des prémiers
hommes. MOÏSE qui l'a écrite, pré-
céde au moins de cinq cens ans tout
ce que nous connoiffons de plus anciens Auteurs , comme HOMERE &
HESIODE †.   Il touchoit au tems
des

---

† Voyez JUSTIN Martyr. *Exhort. aux Grecs.*

Ꝫ des Patriarches, & puisoit à la source
l la Tradition dont il nous fait part.
ſ Il ne lui falut pas déterrer de loin les
ʾ Traditions de ſes Ancêtres. La vie
ꝺ de trois ou quatre hommes remon-
ꝺ toit jusqu'à *Noé*, qui avoit vû les
ꝺ enfans d'*Adam*. *Lévi* biſayeul de
Moïse avoit vécu quelque tems avec
Iſaac. *Iſaac* avoit pû voir *Sem* fils
de *Noé*. *Sem* avoit vû *Mathuſalem*, &
ce dernier avoit vû le premier Homme.
Le tour des penſées de Moïse, ſon ſtyle,
la peinture qu'il fait des mœurs de ſon
tems, un certain air original, qu'on
ne peut bien définir, tout y reſſent
le gout antique, & porte avec ſoi un
caractére de fidélité.

Rien n'étoit mieux entendu que de
faire précéder ſes Loix par le récit
de la Création du Monde, & des
événemens qui l'ont ſuivie. Cela ſervoit à réfuter les Fables des Payens,
& la prétenduë antiquité de certains
Peuples ; à faire connoître Dieu par
l'endroit le plus eſſentiel ; à rapeller la
Tradition primitive qui tomboit dans
l'oubli ; à expoſer le tableau de la

 Pro-

Providence & l'hiſtoire de la Religion jufqu'au tems d'alors ; enfin à jetter les fondemens de l'Alliance que Dieu vouloit traiter avec Ifraël. C'étoit une eſpéce de Theologie hiſtorique , infiniment plus utile & plus propre à ſe graver dans l'eſprit , que les Ecrits dogmatiques des Philoſophes.

Si Moïſe n'en dit pas autant que nous en voudrions ſavoir ſur l'état de l'ancien Monde , on doit conſidérer qu'il n'a pas eu deſſein de faire une hiſtoire complette du Genre Humain depuis Adam jufqu'à Abraham. Son but a été ſeulement de nous apprendre quand & comment le Monde a commencé , & de toucher briévement ce qui regardoit les Ancêtres du Peuple Hébreu. C'eſt dans ce point de vuë qu'il faut conſidérer cette Hiſtoire , afin qu'on ne s'étonne pas d'y rencontrer certaines obſcuritez qu'un plus grand détail auroit pleinement éclaircies.

Si Moïſe avoit voulu en impoſer dans ce qu'il raconte des premiers âges

âges, il se seroit bien gardé de ra-
procher les tems de telle sorte, que,
selon son calcul, la mémoire des principaux événemens dont il parle, devoit être encore récente, lors qu'il
écrivoit, & qu'il pouvoit aisément être
démenti par la voix publique, ou par
quelque monument tant soit peu ancien. C'eût été mal choisir son champ
pour débiter des fictions Avec un
tel dessein, il auroit beaucoup mieux
trouvé son compte à reculer l'antiquité du Monde, comme ont fait tous
ceux qui ont voulu embellir leurs Histoires à plaisir. En se perdant dans l'en-
foncement des années, on se met hors
de portée d'être contredit. Du moins
il pouvoit mettre plus de générations,
en ne donnant pas tant de longueur à
la vie des Patriarches; car c'est le petit
nombre des générations, encore plus
que celui des siécles, qui conserve la
Tradition en son entier, parce qu'a-
lors elle passe par peu de mains. Au
lieu de cela, Moïse arrange son Histoire sur un tel pied, que chacun, sans

O 5

re-

remonter fort haut, pouvoit en favoir la vérité de la bouche de fes Ayeux. Eft - ce ainfi qu'en ufe un Ecrivain infidéle † ?

La bonne Philofophie & toute l'Antiquité nous conduifent à croire que le Monde a eu un commencement. Le Monde eft un ouvrage qui porte vifiblement les marques d'une main intelligente , & qui par cette raifon ne peut, ni être de tout tems, ni s'être formé au hazard. D'ailleurs la groffiereté , & pour ainfi dire, l'état d'enfance , où s'eft trouvé pendant long-tems le Genre Humain, la nouveauté des Arts & des Sciences, la fon-

---

† ,, La vérité ne s'altére que par le change-,, ment des hommes , dit Mr. Pascal, (Pen-,, fées Art. XI.) Et cependant Moïfe met deux chofes les plus mémorables qui fe foient jamais imaginées , favoir la Création & le Déluge, fi proche qu'on y touche, par le peu qu'il fait de générations. De forte qu'au tems où il écrivoit ces chofes , la mémoire en devoit encore être toute récente dans l'efprit des Juifs. Sem , qui a vû Lamech, qui a vû Adam, a vû au moins Abraham ; & Abraham a vû Jacob , qui a vû ceux qui ont vû Moïfe. Donc le Déluge & la Création font vrais , entre de certaines gens qui l'entendent bien.

ofondation des Villes & des Empires,
les Peuplades, la Tradition de chaque
Pays, tout nous méne à une prémiere
origine, qui même ne paroit pas être fort
éloignée. Les milliers d'années ne cou-
toient rien aux Chaldéens, ni aux
Egyptiens, pour enfler leur Chronologie; en quoi l'on ne découvre qu'une
vaine affectation d'Antiquité, dont on
fait que ces Peuples fe piquoient. Mais
demandez leur des preuves de leur
prétention; les prémiers n'ont rien
d'exact * avant *Belus*, qui tout au
plus feroit le *Nimrod* de l'Ecriture. Et
pour les Egyptiens, ce ne font que des
contes

---

* HERODOTE, *Lib.* I. *Cap.* xxvi. ne donne que
520. ans de durée à l'Empire d'*Affyrie*, qui finit
à *Sardanapale*; en quoi il eft fuivi par DENIS
d'HALICARNASSE & par APPIEN. Il eft vrai
que les Chaldéens fe vantoient d'avoir des Obfervations Aftronomiques de plus de quatre cent
foixante mille ans. Mais CICERON s'en mocque
comme d'une vaine exaggération, *de Divin.* Lib.
I. & II. Et lors qu'ARISTOTE voulut en favoir
la vérité au jufte par le moyen de *Callifthene*,
qui avoit fuivi Alexandre le Grand à Babylone,
on ne put lui fournir des *Obfervations* que depuis
1903. ans; ce qui ne paffe pas de beaucoup le
tems d'Abraham. Voyez le Commentaire de
SIMPLICIUS fur ARIST. *de Cælo*, Lib. II.

contes ridicules de Dieux & de Géans †, qui ont régné parmi eux : Après quoi leur Histoire vient s'humaniser à *Menes,* le prémier de leurs Rois mortels , qui étoit vrai-semblablement un des fils ou petit-fils de Cham. Ce que les Chinois racontent de leurs Géans , de la naissance de *Fohi* , & de la durée de leur Monarchie , n'est pas moins fabu-

† DIODORE de *Sicile* , Liv. I. dit , que les uns comptoient dix mille ans depuis le régne du Soleil ou d'*Osiris,* & les autres vingt trois mille ans. Voila un grand écart pour des gens exacts. S. AUGUSTIN s'étonne qu'ils poussassent si loin leurs calculs , eux qui n'avoient connu l'art d'écrire que depuis deux mille ans , l'ayant appris, selon VARRON , de la Reine *Isis. De Civit. Dei* , Lib. XVIII. Cap. XL. Voyez aussi ce que dit M.ALLIX, dans le XIX. Chapitre de ses *Réfléxions sur la Genése.* MARSHAM reduit extrêmement ce calcul , en soutenant que l'erreur venoit de ce que l'on comptoit pour successives des Dynasties , qui étoient collatérales. Plusieurs Anciens , comme PLUTARQUE, DIODORE, PLINE, Lib. VII. & CENSORINUS, (*de Die Nat.* Cap. XIX.) témoignent que les années des Egyptiens étoient plus courtes que les nôtres , ce qui fourniroit un nouveau moyen de réduction. De plus , le même *Diodore* met souvent en ligne de compte un nombre illimité de générations , sur quoi il est facile de se méprendre ; & il ne place *Menes,* premier Roi d'Egypte , qu'environ deux mille ans avant le Siége de Troye, ce qui compatira fort bien avec la supputation des *Septante,* que plu-

buleux *. Dès qu'on veut approfon-
dir les chofes, on trouve que la feule Chronologie de la Bible a des points
furs & fixes, fur lefquels les Annales
des autres Nations doivent fe régler.
C'eft pourquoi les anciens ennemis des
Juifs & des Chrétiens n'ont point
touché cet article, quoi qu'ils euffent
dû le faire, fi les monumens qui fub-
fiftoient

plufieurs Savans préférent à celle du Texte Hébreu. *Si l'on trouve l'une trop refferrée*, dit Mr.
de MEAUX, *on peut fe mettre au large dans l'autre,
que l'Eglife n'a pas défaprouvée.* Difcours fur l'Hiftoire Univerfelle, I^{e.} *Partie.*

* Le P. MARTINI, qui releve le plus l'antiquité des Chinois, convient pourtant qu'ils re-
connoiffoient autrefois un commencement du Monde, un premier homme, & une efpéce d'âge
d'or; qu'avant *Fohi*, l'on n'avoit point l'ufage
des Lettres pour écrire, ce qui mettoit les gens
hors d'état de conferver les Hiftoires qu'on nous
fait tant valoir; que ce *Fohi*, le premier en
qui la Tradition commence à prendre quelque
vraifemblance, venoit d'Occident, & que l'antiquité qu'on lui attribue n'eft pas incompatible
après tout avec la maniére de compter des *Se-*
ptante. Voyez là-deffus le XXI. Chapitre de la
première Differtation de Mr. JAQUELOT *fur l'Exif-*
tence de Dieu: les *Réflexions* de Mr. ALLIX *fur la*
Genéfe, Chap. XX.; ce qu'a fait le P. SOUCIET,
fur le Cycle Chinois; & les morceaux de Chronologie qu'a donné le Savant Mr. DES VIGNOLES,
en attendant que fon Ouvrage entier paroiffe
au jour.

siftoient de leur tems, euffent montré
une antiquité du Monde plus grande
que Moïfe ne la fait.

Les anciens Peuples, & même les
Philofophes, débitoient quantité de rê-
veries fur l'origine du Monde. *Epicure*
vouloit qu'il fe fut formé par le concours fortuit des atomes. L'opinion
commune faifoit naître les premiers
Hommes de la Terre comme des
champignons. Quelques-uns difoient,
que cette vafte machine de l'Univers
étoit éclofe d'un grand œuf. L'Ecole des Hébreux étoit prefque la feule
qui ramenât les efprits au vrai principe
des chofes, c'eft à dire à un Dieu qui
a tout fait: ,, N'eft-il pas remarqua-
,, ble, dit fort bien Mr. JAQUELOT,
,, que dès le tems de cette groffiére &
,, ruftique antiquité, voiti un homme
,, qui nous donne un fyftéme de la
,, formation du Monde plus déga-
,, gé de difficultez, & plus raifonna-
,, ble qu'aucun autre qu'on ait pû in-
,, venter depuis ce tems-là, avec le
,, fecours des lumiéres naturelles les
,, plus cultivées,, ?

Examen de la Théologie de M. Bayle, Part. I. Chap. X.

Si

SI l'on continue à examiner l'Histoire Sainte, on trouvera qu'elle rend raison de diverses choses, dont les Payens n'avoient qu'une connoiſſance confuſe, & qui ſont pourtant confirmées par leurs plus anciennes traditions. Par exemple, elle nous apprend que l'Homme a été tiré de la terre. C'eſt ce qui a toûjours paſſé pour conſtant chez les Payens auſſi bien que chez les Juifs. De là cette expreſſion ſi commune autrefois, *être petri d'un bon* ou *d'un mauvais limon* †.

Dieu tira d'Adam lui-même la compagne qu'il vouloit lui donner, afin de nous apprendre l'étroite union qui doit régner dans le Mariage, puiſque les deux font une ſeule chair. L'exemple d'un ſeul homme & d'une ſeule

---

† *De meliore luto finxit præcordia Titan.*

dit HORACE. CALLIMAQUE appelle l'homme le *limon* de Promethée, ſelon ce que ſuppoſe la Fable, que Promethée en fut l'Architecte. OVIDE tient le même langage,

Quam (terram) fatu' Japeto miſtam fluvialibus undis....

le femme unis enfemble, pour donner naiffance au Genre Humain, nous montre quel eft l'ordre le plus naturel qui doit s'obferver par rapport au nœud conjugal : Et tous les hommes fortent d'une feule fouche, *afin d'être à jamais, quelque difperfez & multipliez qu'ils foient, une feule & même famille.*

Mr. de MEAUX, Difcours fur l'Hiftoire Univerfelle.

On ne peut difconvenir que l'hiftoire de la tentation de nos prémiers Parens n'ait quelque chofe d'obfcur & d'énigmatique. L'Auteur n'a dit les chofes qu'à demi, foit parce qu'il parloit à des gens déja inftruits, qui pouvoient aifément fuppléer ce qui nous manque pour le bien entendre ; foit que, felon le ftyle des Orientaux, il ait voulu enveloper fon récit de termes figurez & myftérieux ; foit qu'il ait jugé fuffifant de nous apprendre le fond de l'événement, fans en éclaircir les circonftances, comme en effet il nous importe peu d'en favoir davantage. Toûjours y voit - on clairement ces quatre chofes : 1°. Que l'homme eft forti pur & fans tache des mains

du

du Créateur, ce qui eſt très-conforme à l'idée que nous avons de la Bonté & de la Sainteté Divine : 2°. Que Dieu lui impoſa une Loi d'abſtinence, pour lui faire ſentir qu'il dépendoit d'un Maître, Loi qui étoit preſque la ſeule qui pût lui convenir, les autres Préceptes du Décalogue, comme de ne pas tuer, de ne pas dérober, &c. n'ayant pas lieu dans ſon état : 3°. Nous voyons que l'homme déſobéit à ce commandement & devint pécheur, ce qui n'eſt que trop confirmé par l'abus que tous ſes Deſcendans, à ſon exemple, ont fait de leur liberté, & par les inclinations corrompuës qu'ils ont héritées de lui. Enfin on voit qu'il fut pouſſé à cela par un Malin Eſprit, qui eſt déſigné ſous le nom de *Serpent*, ſoit qu'il eut réellement emprunté l'organe de cet animal, ſoit qu'il y ait de la figure dans ce diſcours : Car on ne doit pas faire un point de Foi de telle ou telle interprétation, ſur des choſes qui ſont difficiles & peu eſſentielles. De ces quatre articles, il y en a trois qui

P

ſont

font très-vraisemblables d'eux-mêmes, & le dernier n'a rien d'impossible, ni qui mérite d'être rejetté quand une Histoire si authentique en fait foi.

Ce qui est dit de la Tour de Babel, des apparitions d'Anges, & de quelques autres faits singuliers, ne doit pas nous faire plus de peine. Il ne faut point traiter de fables tout ce qui nous paroit extraordinaire, & qui n'arrive pas de nos jours. La dispersion des hommes après le Déluge est un fait certain ; & pour la maniére, rien n'empêche que la chose ne soit arrivée, comme Moïse la rapporte. Dieu a pû aussi se communiquer aux Patriarches dans un tems où ces sortes de Révélations étoient nécessaires, & se servir pour cela du Ministére des Anges, qui sont des *Esprits administrateurs employez à l'œuvre de nôtre Salut.* La Lutte de Jacob avec l'*Eternel*, a quelque chose de plus surprenant du premier coup d'œil. Mais on peut bien juger qu'un Ecrivain comme Moïse, qui avoit de si nobles idées de Dieu, & qui a tâché de le dépeindre

dans

dans toute fa Majefté, n'a pas voulu dire littéralement qu'un homme eût
lutté contre le Seigneur, & l'eût vaincu. Un tel difcours ne peut fe prendre que dans un fens typique, ou
comme une allégorie ; † & il doit
nous fuffire d'y trouver cette inftruction morale, que les fidéles doivent
perfévérer dans la priére, & ne point
s'en défifter, jufqu'à ce qu'ils ayent,
pour ainfi dire, vaincu le Seigneur, &
arraché fa bénédiction.

En général on doit remarquer fur
ces fortes d'endroits, qu'il nous manque peut-être pour les bien entendre
quelque clé, tirée, ou de certaines
circonftances qui ne font pas venuës
jufqu'à nous, ou du gout des Orientaux, qui étoient extrémement por-
tez aux Apologues & aux Allégories.
Un Livre fi ancien, fi abrégé, écrit
dans un gout fi différent de celui de
nôtre Pays & de nôtre Siécle, lequel

P 2

fup-

---

† S. Augustin croit que le perfonnage qui
lutta avec Jacob étoit feulement un Ange, & il
y trouve un type de l'abaiffement de Jesus-
Christ. *De Civit. Dei*, Lib. XVI. Cap. xxxix.

suppofe beaucoup de chofes qui ne font plus connuës, & qui fait allufion à des coutumes tout-à-fait étrangéres, pour nous; un Livre, dis-je, de cette efpéce ne peut que contenir certaines obfcuritez qu'un peu plus de connoiffance de l'Antiquité éclaïrciroit pleinement. Qu'il nous fuffife cependant que le fond de ces Hiftoires préfente de grandes véritez. Du refte, les circonftances peuvent fouffrir diverfes explications, en forte que fi l'une ne fatisfait pas, l'équité veut qu'on en cherche d'autres, plûtôt que de rejetter fous ce prétexte des chofes écrites par un Auteur de fi grand poids, & liées avec un corps de Religion

(1) La Théologie Phénicienne, felon SANCHO-NIATON, pofoit pour principe de tout, l'air ténébreux & agité, & le chaos confus femblable à *la bime.* . . . *De ces deux principes fortit la Matiere, qui produifit les femences & la génération de toutes chofes.* EUSEBE, Prépar. Ev. *Liv. I. Chap. v.* Les Egyptiens croyoient auffi que la matiére étoit prémierement une maffe confufe, & que de là s'étoient formez les élémens & les animaux. Voyez DIOGENE LAERCE, dans fon *Avant-propos,* & la *Théogonie* d'HESIODE. ANAXAGORE difoit, que l'*Efprit* (νᾶς) avoit débrouillé le chaos.

ligion , dans lequel nous avons déja reconnu des traits de vérité si admirables.

Une autre Observation générale qui tend à confirmer puissamment la narration de Moïse, si elle avoit besoin d'un appui étranger ; c'est que , bien loin qu'elle soit démentie par les Historiens profanes, plus on remonte dans l'Antiquité, plus on trouve de monumens & de vestiges qui y quadrent parfaitement.   Les premiers Auteurs Phéniciens, Egyptiens, & Grecs, ont parlé du Chaos, (1) des eaux qui couvroient la terre, (2) de l'homme tiré du limon (3) & formé à l'image de Dieu (4),

P 3

de

(2) L'opinion commune des Grecs & même des Indiens, selon STRABON, *Lib.* XV. étoit que le Monde étoit sorti de l'eau ; sans doute, parce que la Tradition portoit que la Terre avoit été ensevélie sous les eaux, comme la *Génese* nous l'apprend. THALES donnoit aussi l'eau pour le principe de tout.

(3) Voyez ci-dessus pag. 215.

(4) *Finxit in effigiem moderantum cuncta Deorum ,* dit OVIDE, Metam. *Lib.* I.

de sa prémiére innocence, (5) des miséres que le crime a enfantées, de ces hommes robustes & violens qui ont été appellez *Géans* (6), & dont la race impie attira les fleaux de Dieu sur la terre. Ovide, dans le premier livre de ses Métamorphoses, dépeint la création du monde, à peu près comme Moïse, & tout ce qu'il dit est tiré d'Auteurs plus anciens. Il y parle de l'*âge d'or*, qui étoit un âge de paix & d'innocence, lequel dégénéra en *âge d'argent*, après quoi vinrent ceux d'*airain* & de *fer*. Il fait aussi la peinture du Déluge, confondant mal-à-propos cet événement (7), avec l'inondation qui arri-

(5) MAIMONIDES assure que les Indiens ont conservé le souvenir d'Adam, d'Eve, & du Paradis terrestre. *Duct. dubit.* Part. III. Chap. XXIX. STRABON, Lib. xv. témoigne qu'ils se souvenoient au moins d'un âge d'innocence qui avoit précedé les autres. PRIDEAUX dit que ZOROASTRE en parloit dans les Livres qu'il laissa aux *Mages*, *Histoire des Juifs*, Liv. IV.

(6) C'est de là que la Fable peut avoir ce qu'elle dit des Géans qui attaquoient le Ciel.

(7) Ce qui prouve que les Anciens confondirent le Déluge de *Noé* avec celui de *Deucalion*, c'est qu'au rapport de DIODORE de *Sicile*, Lib. I. les Egyptiens parloient de ce dernier comme

arriva en Gréce du tems de Deucalion. La mémoire d'un Déluge général s'étoit confervée chez tous les peuples, & même avec des circonftances finguliéres. Car quelques Auteurs font mention de l'Arche dans laquelle Noé fe retira, fans oublier la Colombe qu'il lâcha pour voir fi les eaux baiffoient (8). Plufieurs Naturaliftes croyent que les divers changemens arrivez dans la furface de la terre, & les coquillages avec des poiffons pétrifiez qui fe trouvent aujourd'hui dans les montagnes, font encore des reftes de ce bouleverfement.

P 4   Pour

me d'un Déluge univerfel; que felon PLINE, *Lib. III. Chap.* XIV. il s'étoit étendu jufqu'en Italie; & que même LUCIEN place *Deucalion* & fon antre dans l'Affyrie; toutes chofes qui ne peuvent convenir qu'au premier.

(8) BEROSE, cité par JOSEPHE dans fon I. *Livre contre Appion*, avoit parlé comme Moïfe du Déluge & de l'Arche qui s'arrêta fur une montagne d'Arménie. *Abydene* faifoit mention des oifeaux qui furent lâchez, & qui revinrent dans l'Arche, ne trouvant pas où pofer leurs pieds. LUCIEN, dans le Traité *de la Déeffe de Syrie*, entre dans un affez grand détail là-deffus, & n'oublie ni le réfuge de tous les animaux dans l'Arche, ni la colombe.

Livre I. Chap. XVIII.

Quant à l'édifice de Babel, Josephe cite un grand nombre d'Auteurs qui en avoient parlé. Il est indubitable que les prémiers Peuples étoient originaires du pays, où l'on doit placer le Jardin d'Eden. Leur histoire, leurs langues, leurs mœurs se rapprochent, à mesure qu'on remonte plus haut. C'est d'Orient que venoient les Colonies, les Loix, les Arts & les Sciences. Ceux *Bochart,* qui ont voulu fouïller dans la généa- *dans sa* logie des Nations, ont trouvé, soit *Géogra-* par l'étymologie des noms, soit par *phie sa-* d'autres savantes recherches, qu'elles *crée.* ont eu en effet l'origine que Moïse leur assigne au X^c. Chapitre de la Genése, en sorte que ce Chapitre seul est une merveilleuse clé pour l'histoire la plus reculée, & un bon garant de la grande exactitude de l'Historien. Il n'est pas le seul, non plus, qui ait parlé de la longue vie des premiers Hommes

(9) Voyez les autoritez rapportées par Josephe, *Antiq. Jud.* Liv. I. Chap. xv. Hesiode insinue la même chose dans son Livre *des œuvres & des jours.*

(10) Catulle dit que c'est là un des avantages que nous a fait perdre nôtre mechanceté. *Epi-*

.mes (9), & du commerce qu'ils avoient avec les Anges ou les Génies (10). C'étoit une Tradition reçûë jusques chez les Payens. L'embrasement de Sodome est aussi un fait connu & avoué par eux. (11) Tout l'Orient est encore plein de la mémoire d'Abraham ; les Arabes s'en disent descendus , & tiennent de lui la Circoncision. En lisant Homere , on a quelque plaisir à remarquer le rapport qui se trouve entre les mœurs qu'il décrit & celles des Patriarches. Les Héros d'alors étoient de vaillans Chasseurs, qui exerçoient leur courage contre les bêtes féroces, ce qui étoit le plus grand service que l'on pût rendre à un pays nouvellement habité. Les Rois étoient des Chefs de petits Cantons, comme pourroient être des Seigneurs de Terres parmi nous; ils commandoient à un certain nombre de

P 5   Vas-

Epithal. Pelei & Thetidos. Voyez aussi le Traité de PLUTARQUE sur *Isis & Osiris*, & Mr. LE CLERC sur le Chapitre V. ℣. 6. de la *Génese.*

(11) Comme par TACITE, *Hist.* Liv. V. & par STRABON & PLINE dans l'endroit où ils décrivent le Lac *Asphaltite.*

Vaſſaux, & ſe diſtinguoient moins par aucun titre de Souveraineté que par leurs exploits ou leurs richeſſes. Le genre de vie le plus commun étoit la vie paſtorale. L'opulence des Princes, comme celle des Particuliers, conſiſtoit en Serviteurs & en Bétail. Ils avoient auſſi de l'or & de l'argent, mais non monoyé. Un devoir des plus religieux pour eux étoit celui de l'Hoſpitalité, parce qu'il n'y avoit point alors d'Hôtelleries publiques pour les Voyageurs. Dès qu'un étranger arrivoit, on lui lavoit les pieds, on lui apportoit à manger, l'Hôte le ſervoit lui-même, & puis s'informoit du ſujet de ſa venuë : Ainſi en uſent Abraham dans la Genéſe, & Achille dans l'Iliade. On pourroit relever divers autres traits de conformité, qui ne ſeroient pas inutiles pour faire voir, s'il en étoit beſoin, que Moïſe a peint les choſes fidélement, & que c'eſt un Hiſtorien vraiment original. Mais le peu qu'on en

a

(12) Comme les deux Livres de Joseph e contre le Grammairien *Appion*, la *Préparation Evangélique* d'Eusebe, le Traité *de la Cité de Dieu* de
S.

; a dit, peut fuffire pour nôtre deffein.
Ceux qui en voudront d'avantage,
peuvent confulter divers Livres, tant
anciens que modernes (12), & particuliérement le petit, mais excellent
Traité de GROTIUS, fur la Vérité de
la Religion Chrétienne, où ce favant
Homme a ramaffé, avec autant de choix
que d'érudition, les témoignages des
Auteurs profanes, qui confirment tous
les points d'Hiftoire dont nous avons
parlé.

Lib. I.

CHAPITRE VI.

*De l'Hiftoire & des Miracles qui fe
lifent dans l'EXODE, & dans le
refte du PENTATEUQUE.*

L'*Exode* & les autres Livres de
MOÏSE font remplis de faits, qui,
à la vérité, paroitroient peu croyables, fi on les confidéroit feuls & en
eux-

S. AUGUSTIN, le *Phaleg* & le *Canaan* de BOCHART,
la *Démonftration Evangelique* de Mr. HUET, & le
XXV. Chap. de la I. Differtation de Mr. JAQUE-
LOT *fur l'Exiftence de Dieu.*

eux-mêmes, mais qui acquiérent un degré de certitude admirable dans une antiquité si reculée, quand on prend la peine d'en creuser les fondemens, & d'en examiner tous les rapports.

Et d'abord, on auroit tort de préjuger que le merveilleux soit ici comme ailleurs un caractére de fiction. Il s'agit d'un Peuple tout extraordinaire, que Dieu voulut attacher à son service en se révélant à lui, afin de répandre plus de lumiére sur la terre; Dessein très-digne de sa bonté & de sa sagesse, & que tout portoit à croire qu'il exécuteroit un jour, comme on l'a montré dans la Section prémiére. L'Histoire dont il s'agit maintenant, n'est que l'execution de ce dessein, & n'a rien qui doive nous surprendre. Qui dit *Révélation*, suppose par cela même quelque chose de surnaturel. Dès lors tout cet enchaînement de merveilles suit de lui-même. Il falloit que Dieu tirât son peuple d'Egypte à main forte & à bras étendu, pour vaincre la résistance de Pharao. Il falloit donner à ce même Peuple

ple des marques singuliéres de protec-
tion, & l'intimider par des châtimens
visibles, pour fléchir sa dureté. ,, Et
,, ce Peuple qui s'étoit extrémement
,, multiplié & corrompu par les super-
,, stitions des Egyptiens, n'étant plus
,, capable d'être retenu par une simple
,, tradition, il falloit que Dieu se dé-
,, clarât d'une maniére plus authenti-
,, que, & marquât le Culte qu'il vou-
,, loit qu'on lui rendît plus distincte-
,, ment qu'il n'avoit fait jusques-là ,,.
Enfin la Mission de Moïse avoit besoin d'être autorisée par des Miracles.
On a dit ailleurs, qu'une Loi révélée
ne sauroit marcher sans cela. Il n'y
a donc rien dans ceux qu'on attribuë
à Moïse, non seulement que de très-
possible, mais encore que de très-conforme aux vûës de la Providence, &
aux prérogatives singuliéres que nous
avons remarquées chez le peuple Juif.

 Pour s'inscrire en faux contre ces
faits, il faudroit prendre l'un de ces
quatre partis :

 Ou de dire que Moïse n'a jamais
été, & que c'est un personnage imaginaire ;
         Ou

*Senti-
mens de
quel-
ques
Théolo-
giens,
Liv.* I.

Sect. II.
Chap. IV.

Ou que, s'il y a eu effectivement un homme de ce nom, ç'a été un Impoſteur qui a trompé le Peuple d'Iſraël par des preſtiges ;

Ou que la ſuppoſition de ces faux Miracles s'eſt faite du plein gré & avec la participation de ce Peuple, afin d'en impoſer à la poſtérité ;

Ou enfin que l'Hiſtoire que nous en avons, a été écrite long-tems après les événemens, & qu'ainſi on a pû la charger de mille fauſſetez, ſans avoir pour garant aucun témoin contemporain.

Voilà, ſi je ne me trompe, tous les ſoupçons & toutes les hypothéſes qui peuvent venir dans l'eſprit, pour affoiblir l'autorité du Pentateuque. Bien que l'on fût en droit de les rejetter par cela ſeul qu'elles ſont avancées ſans fondement, ne laiſſons pas de les examiner l'une après l'autre. L'oppoſition ſert quelquefois à mettre la vérité dans un plus grand jour ; & l'Incrédulité au moins ne ſe plaindra pas qu'on lui ait refuſé aucune ſorte d'armes pour ſa défenſe.

Pre-

Premiérement donc, *que Moïse soit un personnage feint & imaginaire*, c'est une pensée qui ne peut tomber dans l'esprit d'aucun homme de bon sens. S'il étoit permis de s'élever ainsi contre la voix de tous les siécles, il n'y a aucun fait au monde qui fût à l'abri du Pyrronisme. Comment sait-on qu'Alexandre & César ont vêcu, si ce n'est par le bruit commun & par l'Histoire? De même une foule d'Historiens, tant sacrez que profanes *, ont parlé de Moïse comme d'un fameux Légiflateur des Juifs. Cette Nation l'a honoré de tout tems, & l'honore encore en cette qualité. Les Payens, les Chrétiens, les Mahométans, tous s'accordent là-dessus. C'est la Tradition constante & universelle de l'Antiquité. Si cette Tradition est fausse, il faut renoncer à toute certitude historique.

Se retranchera-t-on à dire, qu'à la vérité Moïse a été réellement un Légifla-

Refutation de la premiere Hypothése, queMoïse n'a jamais été.

Seconde Hypothése: Moïse n'étoit-il point

* DIODORE *de Sicile*, STRABON, TROGUE POMPE'E, JUSTIN, PLINE, TACITE, JUVENAL, GALIEN, LONGIN, &c.

un Im-
pofteur?

giflateur des Juifs, mais qu'on doit le regarder feulement comme un fin politique, qui fçut faire accroire à des gens fimples, qu'il tenoit fes Loix de Dieu, afin de les mieux gouverner; femblable en cela à Minos & à Numa Pompilius? Ce paralléle eft la penfée favorite des Déïftes. Ils la font revenir à tout propos, & fe croyent là dans leur fort. Cependant il ne fera pas difficile de leur montrer que fi ce paralléle a quelque chofe de fpécieux, il n'eft pourtant ni folide ni jufte.

Reponfe

Sainteté de fa Doctrine & de fes vûës.

Prémiérement, il n'y a point de comparaifon à faire de ces Légiflateurs Payens avec Moïfe, pour la nature des opinions & de la doctrine. Leur unique vûë étoit d'établir une domination temporelle, & de donner cours à l'Idolatrie & à la fuperftition. Moïfe au contraire s'applique à faire connoître le vrai Dieu, & à établir une Religion toute fainte. Comment croire que des Véritez & une Morale fi pures, fi ennemies de toute fraude, fortent de la bouche d'un Impofteur, &
qu'il

qu'il se serve du mensonge pour les établir ?

2°. Ses démarches n'ont rien qui le rende suspect comme les autres ; Tout y ressent l'homme de bien. Les autres en établissant leurs cérémonies ne faisoient que seconder le penchant naturel des Peuples, pour le culte des Idoles. Moïse au contraire combat cette pente de tout son pouvoir, & s'expose par là à de violentes rebellions. Il ne fait point servir la Religion à l'affermissement de son autorité; il met au contraire toute son autorité pour l'affermissement de la Religion. Quel interêt y avoit-il ? Et s'il n'étoit guidé que par la politique, que lui importoit que les Israëlites fussent amenez avec tant d'effort au culte d'un seul Dieu invisible, tandis qu'il pouvoit beaucoup mieux & plus aisément parvenir à ses fins, en se prêtant à leurs dispositions ? S'il n'étoit question que de mettre une barriére entre ce Peuple là & les autres, il étoit facile de le faire par quelqu'autre voye qui n'auroit pas tant couté. Tant que vous

Q   re-

regarderez Moïse comme un Législateur ordinaire, vous ne trouverez
pas qu'il se soit comporté habilement.
Sa conduite ne paroit sage & pru-
dente qu'autant qu'on reconnoit qu'il
a agi par les ordres du Ciel.

Un ambitieux se fait connoître par
ses actions. Moïse n'a en vûë que la
gloire de Dieu, & montre pour lui-
même & pour les siens un grand désin-
téressement. Dès le commencement, il
avoit renoncé aux grandeurs qu'il pouvoit attendre de la Fille de Pharao,
qui lui tenoit lieu de mére ; *aimant*
mieux, dit S. PAUL, *être affligé avec*
le Peuple de Dieu que de jouir pour
un tems des délices du péché. Dans
la suite on le voit soutenir constam-
ment le même caractére. Il ne se dé-
termine à devenir le Conducteur d'Israël que sur des ordres réïterez de Dieu.
Il ne promet point la Royauté à sa
Tribu, mais à celle de Juda. Il n'a
point égard à son sang dans le choix
d'un Successeur ; ses propres Enfans
demeurent confondus dans la foule des
Lévites. Il a beaucoup à souffrir de
l'hu-

Heb. XI.
24. 25.

l'humeur revêche du Peuple qu'il conduit, & des facheuſes conjonctures dans leſquelles il ſe rencontre, ſans jamais recueillir le fruit de ſes travaux. Enfin il ſe réſoud à errer quarante ans dans le Déſert, & à ſe priver ainſi de l'entrée du Pays de Canaan, qui étoit pourtant le ſeul objet qu'un Politique, tel qu'on le ſuppoſe, pût avoir en vûë, dût-il tout hazarder pour cela. A ces traits jugera-t-on qu'il fut dominé par les paſſions ordinaires des hommes?

Un ambitieux garderoit des meſures avec ceux dont il recherche la faveur. Moïſe ménage ſi peu les Iſraëlites qu'il ne ceſſe de les accabler de reproches, & de les mortifier, en rendant publiques leurs fautes, & celles de leurs Péres. Quelle néceſſité, s'il vouloit leur complaire, de parler de l'yvreſſe de Noé, de l'inceſte de Thamar, de la violence des Fils de Jacob envers les Sichemites, & de la perfidie dont ils uſérent envers leur frére Joſeph? A quoi bon tranſmettre à la poſtérité des choſes auſſi flétriſſantes pour les

Hé-

Hébreux, que leurs fréquentes révoltes, leurs blafphémes, leur abandon aux Filles de Moab, & leur Idolatrie dans la journée du Veau d'or? L'Hiftorien Josephe, en homme qui fait faire fa cour, a bien eu foin de fupprimer cette derniére tache, & de couvrir les autres autant qu'il a pû, par ménagement pour fa Nation. D'où vient que Moïfe, qui y avoit plus d'interêt, n'en a pas fait autant, fi ce n'eft parce qu'il étoit guidé par un plus noble principe?

Sa franchife n'en demeure pas là. Il avouë ingenument fes propres fautes, & nous apprend lui-même ce que la poftérité n'auroit pas fçû fans lui, qu'il avoit tué un Egyptien; qu'il n'avoit pas, autant que fon frére, le talent de la parole; qu'il n'obéït qu'avec peine à l'ordre que Dieu lui donnoit d'aller vers Pharao; qu'il pécha plufieurs fois par défiance; que fon frere & fa fœur avoient eu part à un foulévement &c. toutes chofes que la prudence humaine & l'amour propre vouloient naturellement qu'il cachât. Sa candeur paroit jufques dans fon ftyle. On voit un un Auteur qui écrit fans art, qui penfe auffi peu à fe faire valoir qu'à orner fa narration, qui rapporte les plus grandes merveilles froidement & d'un air fimple, fans fe mettre en devoir de les prouver, ni de prendre aucune des précautions que la défiance fuggére. Il ofe même prendre le Peuple à témoin de tout ce qu'il dit avoir fait en leur préfence; il leur met fans ceffe fes Miracles devant les yeux, il les leur répéte à tout propos, avec la même confiance qu'on a coutume de parler de chofes publiques & connuës; & cent fois il leur reproche leur ingratitude après des bienfaits fi éclatans, fans crainte d'en être démenti: Eft-ce là le caractére & le langage d'un homme qui avance des fauffetez?

3°. Le prétendu commerce de Minos avec Jupiter, ou de Numa avec une Nymphe, fe paffoit en fecret; il faloit les en croire fur leur parole, fans aucun indice extérieur. Moïfe, au contraire, juftifie fa miffion par des fignes éclatans, par des miracles faits

à

Ses Miracles publics & authentiques.

à la face du Ciel & de la Terre. Ce ne font point des faits obfcurs, ni divulguez feulement par un bruit fourd : Ce font des faits de notorieté publique & qui fautoient aux yeux. Comment en impofer fur les fleaux dont l'Egypte fut frappée ? Comment faire accroire à tant de gens, que l'eau fut changée en fang, & que tous les premiers-nez des Egyptiens furent exterminez dans une nuit ? Comment leur faire accroire qu'ils avoient paffé la Mer rouge à pied fec, & qu'il leur étoit arrivé tout ce que nous lifons dans leur Hiftoire, s'il n'y avoit rien de tel ? Des événemens fi grands, fi publics, ne font point fufceptibles de fraude. On peut éblouïr les yeux d'une Populace crédule par certains tours d'adreffe, comme firent apparemment les Magiciens d'Egypte *. Mais l'illufion ne s'étend pas jufqu'à des miracles de la nature de ceux-ci.

Quel-

---

* Mr. TURRETTIN fait voir dans fa IV. & V. *Differtation Apologetique contre les difficultez des Incrédules*, que ce que firent les Mages d'Egypte pouvoit n'être que des tours d'adreffe.

Quelques - uns ont voulu comparer *Jof.phe.*
le paſſage de la Mer rouge avec celui d'Alexandre le Grand en Cilicie.
Cette penſée ſe refute aiſément par
l'examen des circonſtances. PLUTAR-
QUE fait voir par les Lettres de ce
Prince, qu'il n'avoit regardé lui-même ce qui lui étoit arrivé que comme une affaire de bonheur & de prudence ; au lieu que Moïſe annonce
aux Iſraëlites une délivrance miracu- *Exode*
leuſe, & déclare poſitivement que les *XIV.13.*
Egyptiens périroient, ce qu'il n'auroit
pas pû faire, s'il n'y avoit rien eu
ici que d'ordinaire & de naturel. D'ailleurs ces gens-là n'auroient pas été
aſſez imprudens pour s'engager dans
le lit de la Mer, s'ils avoient ſû que
le flux devoit venir à l'heure accou-
tumée, & les Iſraëlites de leur côté
n'auroient pas été auſſi effrayez qu'ils
le furent, s'ils avoient pû s'attendre
à un reflux régulier qui les favoriſât.
Auſſi voit -on que cet événement a
été regardé par les Egyptiens mêmes
comme un prodige. Car on ne peut
guéres rapporter qu'à cela une tradi-

Q 4

tion,

tion, dont parle DIODORE de *Sicile*, laquelle s'étoit confervée chez certain Peuple vers le bord de la Mer rouge, & qui portoit, qu'anciennement cette Mer s'étoit ouverte par un reflux violent, & s'étoit partagée en deux parties, que fon fond avoit paru à fec, & qu'enfuite il étoit furvenu un vent impétueux qui réunit les eaux †.

Mais fuppofé que certaines caufes naturelles euffent pû contribuer à deux ou trois de ces événemens, en eft-on beaucoup avancé, à moins que l'on ne prouve la même chofe de tous les autres prodiges ? Qu'un Ecrivain du commun dife tout ce qu'il lui plaît, fans que le public s'en mette en peine, cela n'eft pas étonnant. Il peut débiter fes fables impunément à la faveur du mépris & de l'obfcurité qui le couvre. Mais un homme public qui fonde toute la police & la Religion d'un Peuple fur les Hiftoires qu'il écrit, & qui en fait un Livre authentique, un Livre que tout le monde confulte chaque jour, peut-il en impofer fur

des

---

† Voyez la *Differtation* de D. CALMET, fur le *Paffage de la Mer Rouge.*

des faits connus? Il le pourroit peut-être s'il écrivoit long-tems après les événemens, en ne faisant qu'embellir des traditions populaires qu'il trouve déja reçûës. Mais Moïse écrit dans le tems même que les choses se sont passées. Ce ne sont point de vieilles Histoires qu'il rappelle. Ce sont des faits nouveaux, qu'il narre en présence de ceux qui les ont vûs. Si c'é-toient des fables, il faudroit qu'il les créât & les inventât de son chef, comme si quelqu'un nous venoit conter aujourd'hui, que tout Paris fut consumé il y a un an, & qu'il a été rebati à neuf depuis ce tems-là. Il est difficile qu'un Auteur pousse jamais la hardiesse à ce point. Mais supposé qu'il le fit, trouveroit-il beaucoup de dupes parmi ses contemporains, & dans le Pays même où les choses doivent s'être passées? Quand un prodige est d'une telle nature que l'art humain ne peut le contrefaire, quand ce prodige a duré plusieurs années, quand tout un Peuple a dû en ressentir les effets ouvertement, & qu'il y a des millions de témoins, qui tous depuis le plus petit jufqu'au plus grand n'ont befoin que du fens commun & de leur propre expérience pour en favoir la vérité, ce n'eft point là une matiére à fiction : Un Ecrivain qui s'y hazarderoit, perdroit bien-tôt toute créance.

Cependant les Ifraëlites demeurent dès le commencement convaincus des merveilles opérées par leur Légiflateur. C'eft dans cette perfuafion qu'ils fe foumettent à lui, & aux Loix dures qu'il leur impofe. Ils tranfmettent cette foi à leurs Defcendans, en forte que la Tradition conftante de ce Peuple avouë & confirme ce que l'Hiftorien écrit. Par quel preftige leur auroit-il fafciné les yeux ? P L I N E *Hiftor.* dit, que c'étoit un grand Magicien. *Natur.* Parler ainfi, c'eft avouër qu'il a fait *L. xxx.* *Cap. 1.* des chofes furnaturelles. Prenons droit fur cet aveu, pour en conclurre que la renommée des miracles de Moïfe étoit généralement répanduë ; & quant à la caufe qu'il en allégue, favoir la Magie, renvoyons le à la bonne Philofophie, qui fait maintenant à quoi

s'en

s'en tenir ſur ces ſortes d'accuſations. D'un côté donc il n'étoit pas poſſible que Moïſe eut forgé les choſes qu'il raconte , & de l'autre il eſt encore moins concevable, qu'en ce cas il eut pû en perſuader ſi fortement & ſi généralement les Iſraëlites.

L'on dira peut-être , qu'il y a eu de la connivence de la part de ce Peuple , qui étoit bien aiſe d'entendre des fables qui lui faiſoient honneur , en ſorte qu'il contribua volontiers à leur donner cours. C'eſt la troiſiéme Hypothéſe que l'on a eſſayé de mettre en avant, mais qui, ſi on l'examine, ſe trouvera n'avoir pas plus de fondement que les deux autres. Car prémiérement qui croira que pluſieurs milliers de perſonnes entrent à la fois dans un complot? Ceux qui trament des fraudes n'ont pas coutume d'y admettre tant de complices ; & ſi Moïſe avoit eu l'imprudence de le faire , le ſecret n'auroit pas été long-tems gardé.

Troiſiéme Hypothéſe. Le Peuple d'Iſraël ne ſe ſeroit-il point prêté à l'impoſture ?

D'ailleurs, parmi les choſes qui pouvoient être honorables aux Iſraëlites ,

, com-

combien y en a-t-il qui les couvroient de confufion ; & quelle apparence qu'ils euffent confenti à en éternifer la memoire ? Nous avons déja dit que Moïfe ne les ménageoit nullement, qu'il les accabloit de reproches fanglans, qu'il leur dénonçoit de grandes calamitez, & les flétriffoit de plufieurs maniéres. Quelle apparence qu'ils y euffent donné les mains, & qu'ils fe fuffent foûmis à une difcipline fi gênante, à une Loi fi rude, s'ils avoient fçû qu'elle n'étoit fondée que fur des fauffetez, eux que nous avons vû ètre d'un naturel fi enclin à l'Idolatrie & au murmure ? Comment auroient-ils fouffert qu'on eût fait mourir un grand nombre des plus confidérables d'entr'eux pour cette caufe ? Cette Nation revêche, que Moïfe eut tant de peine à gouverner, fe feroit-elle jointe à lui pour faire une tromperie, & auroit-elle forgé elle-même les fers qui devoient l'enchainer ? Ces Tribus fi jaloufes l'une de l'autre, & qui n'avoient que trop hérité de l'efprit de divifion qui avoit paru chez leurs Ancê-

‌cêtres, se seroient - elles accordées à recevoir des Réglemens dont quelques-uns touchoient si fort à leurs Priviléges * ?

Enfin peut-on comprendre que cette Nation, instruite de la fraude, ait non seulement obéï à Moïse pendant sa vie, mais n'ait rien changé à ses Constitutions après sa mort, & ait conservé pour sa mémoire & pour ses Loix une fidélité sans exemple, jusqu'à s'astreindre scrupuleusement aux moindres préceptes, & à tout souffrir plûtôt que d'y renoncer ? Un attachement si fort, si enraciné, marque une persuasion bien sincére. On ne peut douter que les Peres n'ayent reçû de bonne foi cette Loi comme divine, puisqu'ils la transmettent sur le même pied & avec tant de soin à leurs Enfans.

* Par exemple, les Tribus de *Ruben* & de *Simeon* céderent la Sacrificature à celle de *Lévi*, & le Sceptre à celle de *Juda*. Quelle apparence qu'elles eussent voulu se laisser dégrader des Droits de prime-géniture, par une piéce fabuleuse & supposée ?

CHA.

CHAPITRE VII.

Où l'on prouve que l'Histoire du PEN-
TATEUQUE *n'a point été suppofée
ni corrompuë.*

Qua-
triéme
Hypo-
théfe.
L'Hiftoi-
re du
Penta-
teuque,
n'a-t-elle
point
été fup-
pofée
ou al-
terée
après
Moïfe ?

Nous venons de voir que les trois prémiéres Hypothéfes contre la vérité du Pentateuque font infoûtenables : Examinons maintenant la derniére, qui attaque l'Hiftoire dont il s'agit, comme n'ayant pas été écrite par Moïfe, ni fous fes yeux, mais long-tems après, en forte qu'on a pû, dit-on, l'orner à loifir de tout le merveilleux qu'on a voulu.

Cette Hypothéfe peut être prife de deux façons : Car elle fuppofe, ou que le Livre entier a été fabriqué après coup, ou que certains endroits feulement, comme ceux qui contiennent les Miracles, y ont été fourrez dans la fuite. Il faut voir fi l'un ou l'autre peut être avancé avec la moindre vraifemblance.

Que

1°. Que le Livre entier soit supposé, & forgé par une main plus récente que celle de Moïse, c'est un soupçon qui se détruit par les mêmes raisons qui ont servi à faire voir que Moïse n'est pas un personnage imaginaire. Car presque tous ceux qui parlent de sa personne, parlent aussi de ses Ecrits, & de la Loi qu'il laissa aux Hébreux. Que ces Ecrits ayent été composez de sa propre main, ou sous ses yeux, ils n'en sont pas moins de lui; ce n'est pas là-dessus que roule la question: Toûjours est-il certain qu'on les a regardez de tout tems comme son Ouvrage; & s'il étoit permis, sur de simples *peut-être*, de s'élever contre la voix publique, il ne seroit pas sûr, ni que l'*Enéide* fût de VIRGILE, ni que l'*Alcoran* fut de MAHOMET; & ce qu'il y a de plus constant dans l'Histoire Litteraire †, pourroit être mis en doute avec aussi peu de fondement.

2°. Le style du Pentateuque, le tour des phrases, la maniére de penser, les répétitions fréquentes, les allu-

† Voyez S. AUGUSTIN contre *Fauste.*

lufions à de certains ufages ; tout y porte un certain air d'Antiquité, qui fe fent mieux qu'on ne l'exprime. On y trouve même de certaines obfervations, qui ne convenoient qu'au tems & au deffein de Moïfe, & qui n'étoient plus de faifon dès-que les Ifraëlites furent en poffeffion du Pays de Canaan; ce qui marque que l'Ouvrage eft véritablement du tems auquel nous le rapportons. *

3°. Il faut de toute néceffité que la Loi de Moïfe fût auffi ancienne chez les Hébreux que l'étoit leur Religion. Car outre le témoignage qu'ils en rendent, on voit bien qu'ils n'ont pû fuivre une forme de gouvernement & une police fi finguliére, fans avoir un Corps de Droit Ecrit, comme en ont d'ordinaire toutes les Nations ; & que tant de Cérémonies ne pouvoient pas fe pratiquer, avant que d'avoir le Livre qui en contient les Réglemenst. Puis donc

---

* Par exemple, à quoi bon donner un fi grand détail de la conftruction du Tabernacle, de la maniére dont on devoit le porter dans les campemens, de la façon que devoit fe regler toute la marche des Ifraëlites dans le defert, &c.?

donc que d'un commun aveu Moïſe
a été le Légiſlateur des Juifs, il n'eſt
pas croyable qu'il ne leur ait point
donné de Loi écrite, & cette Loi ne
peut être autre que celle qu'ils nous
produiſent encore à preſent.

4°. Si Moïſe n'avoit rien laiſſé par
écrit, tout le monde auroit ſçû qu'il
n'avoit pas écrit. Car ce qui venoit
d'un homme comme lui, & qui inte-
reſſoit toute la Nation, ne pouvoit
pas demeurer ſecret : C'eût été une
choſe de notorieté publique, que ce
grand Légiſlateur s'étoit contenté de
donner ſes Ordonnances de vive voix;
Comment donc un fauſſaire auroit-il
pû faire paſſer quelques Ouvrages ſous
ſon nom ? Comment auroit-il oſé dire
que Moïſe écrivit telle ou telle choſe,
comme on le voit en pluſieurs endroits
du Pentateuque‡ ? Cette fiction groſſiére n'auroit pas plus trouvé de créance, que ſi un Impoſteur venoit à pre-

R ſent

_____

† Voyez le *Diſcours* de Mr. de MEAUX, ſur
l'*Hiſtoire Univerſelle*, Part. II. Chap. XIII.
‡ Voyez les *Préliminaires* de Mr. DUPIN ſur
la *Bible*, Lib. I. Chap. 3.

sent débiter un Code civil sous le nom d'Henri IV. qu'on sçait bien n'en avoir jamais composé.

Il n'est donc pas douteux que Moïse n'ait au moins redigé ses Loix par écrit, & qu'ainsi le fond du Pentateuque ne soit de lui. Mais ce qu'il écrivit n'a-t-il point été augmenté dans la suite, & mêlé de plusieurs fables par quelque main plus récente? C'est la seconde branche de la supposition que nous devons examiner.

Pour ne rien outrer, nous avouërons sans peine, que le récit de la mort de Moïse a été ajoûté d'une autre main à la fin du Deuteronome, pour faire la clôture de son Histoire. „L'on peut aussi avoir continué une Gé-„néalogie commencée; peut-être au-„ra-t-on expliqué un nom de Ville „changé par le tems; à l'occasion de „la Manne dont le Peuple a été nour-„ri durant quarante ans, on aura mar-„qué le tems où cessa cette nourri-„ture céleste, & ce fait écrit depuis „dans un autre Livre, sera demeuré „pour remarque dans celui de Moïse, „com-

,, comme un fait conftant & public
,, dont tout le Peuple étoit témoin ;
,, quatre ou cinq remarques de cette
,, nature, faites par Jofué ou par Sa-
,, muël, ou par quelque autre Prophéte,
,, parce qu'elles ne regardoient que des
,, faits notoires, & où conftamment
,, il n'y avoit point de difficulté, au-
,, ront naturellement paffé dans le
,, Texte ,,. Voilà tout ce qu'on peut
alléguer de plus confidérable par rapport aux additions qui peuvent avoir
été faites au Pentateuque. Du refte,
que la fubftance & le fond de ce
Livre ait été altcré, & qu'on doive le
regarder feulement comme une com-
pilation de quelques vieilles Loix, par-
femée d'Hiftoires d'une main poftérieu-
re, ainfi que le voudroient faire entendre quelques-uns, c'eft une penfée infoutcnable, dès qu'on voudra ne
pas s'en tenir à un préjugé fuperfi-
ciel.

Car prémierement il n'y a ni preuve
ni veftige de cette prétenduë altération.
Les Juifs ont toûjours regardé le Pentateuque comme l'ouvrage d'une feule

R 2

main

main, & en ont refpecté également toutes les parties. Le foupçon contraire n'eft qu'un foupçon en l'air, que la feule envie de contredire a pû faire naître. Si l'on vouloit écouter de fi hardis cenfeurs, rien ne feroit à l'abri de leurs vaines conjectures.

2°. On ne s'apperçoit point que les Hiftoires du Pentateuque foient écrites d'un autre ftyle, ni dans un autre efprit que les Loix; le même génie régne par tout, & rien ne porte à juger que ce foient des piéces de mains différentes.

3°. Ce Livre porte, que Dieu défendit avec menaces d'y rien ajoûter ni retrancher. Cette défenfe revient très-fouvent, & fe trouve prefque toûjours accompagnée de malédictions terribles, contre quiconque ofera y contrevenir. Comment eft-ce après cela qu'on auroit voulu commettre un tel facrilége? Un Particulier auroit-il été affez hardi, ou toute une Affemblée affez corrompuë pour l'entreprendre? Du moins en le faifant, on auroit re-

tran-

tranché les endroits qui défendent de
le faire ; En commettant une faute, il eſt
naturel au moins de vouloir la couvrir.

4°. Et dans quel tems auroit pû
ſe faire l'altération ? Cela n'étoit pas
poſſible peu après la mort de Moïſe *.
La mémoire des choſes qu'il avoit faites étoit encore trop récente, pour
permettre de hazarder des ſuppoſitions
que la notorieté publique auroit dé-
mentïes. Chacun ſavoit aſſez l'hiſtoire de ſes Péres, & la Tradition
étoit encore alors dans la pureté de
ſa ſource. Ce n'eſt pas non plus du
tems de Samuël, de David, ni des Prophétes ; car ils citent déja la Loi &
l'hiſtoire de Moïſe telles que nous les
avons, & ils rappellent en cent endroits les merveilles que Dieu avoit
operées en faveur de leurs Ancêtres ;
de ſorte que ſi le Pentateuque a été
falſifié depuis ce tems-là, il faudroit
que ces divers Livres de l'Ancien Teſtament l'euſſent été auſſi, tous y fai-

R 3 ſant

---

* Voyez le *Diſcours* de Mr. Boſſuet ſur
l'*Hiſtoire Univerſelle*, Part. I I. Chap. XIII.

fant allufion, & fe trouvant pleins des mêmes chofes. D'ailleurs où veut-on que l'altération fe foit faite, en Juda ou en Ifraël ? Mais le Livre qui paffa des dix Tribus aux *Samaritains*, ne fe trouve pas différent de celui des Juifs, & ces deux Nations quoi qu'ennemies s'accordent à nous produire le même Texte. ESDRAS feroit-il l'Auteur de ces prétenduës additions? Mais la raifon que nous venons d'alléguer eft décifive. Les Samaritains n'avoient garde de recevoir le Pentateuque de la main d'*Efdras*; ils l'avoient donc avant lui tel que nous l'avons. Que l'on fe tourne de quelque côté que l'on voudra; on ne fauroit affigner un tems, où une telle falfification ait été praticable, ni aucune perfonne fur qui le foupçon puiffe tomber.

5°. Si quelqu'un avoit ofé toucher à un Livre fi faint, ç'auroit été dans la vûë d'y mettre des chofes honorables à fa Nation, ou de relever extrêmement la gloire de fon Légiflateur. Pourquoi donc y lifons-nous tant de traits
hu-

humilians pour les Hébreux , tant de
récits & de reproches de leurs infidé-
litez , tant de prédictions qui les mor-
tifient, tant d'actions foibles ou crimi-
nelles de leurs Péres ?   Pourquoi n'y
voyons - nous aucun éloge de Moïse,
qui étoit le Héros de ce Peuple , ni
aucun ornement à sa vie , tel que
l'Historien Josephe *, & encore plus
les Rabbins ont crû devoir en debi-
ter ? En un mot d'où vient qu'on y
trouve ce qu'un Juif zélé auroit dû
supprimer, & qu'on n'y trouve pas ce
qu'un Juif zélé auroit dû y mettre ?

6°. Si quelque Compilateur avoit
retouché cette portion de l'Ecriture , il
auroit pris peine à la mettre dans un
ordre plus méthodique ; au lieu qu'on
y trouve beaucoup de répétitions , de
parenthéses , de transpositions , en un
mot de certaines négligences , qui sans
R 4   dimi-

___

* Comme lors que Josephe parle des exploits de Moïse contre les *Ethiopiens* , & de la
fille de leur Roi qui l'épousa , étant charmée de
sa valeur. *Antiq.* Liv. II. Chap. v.   Les Rabbins
en content aussi plusieurs fables , qui doivent faire
comprendre ce que c'est que l'esprit de fiction,
par opposition à l'antiquité simple & naïve.

diminuer en rien la fidélité de l'Histoire, montrent pourtant qu'elle n'a pas
été forgée dans le loifir du cabinet.
Ces défauts qui bleffent des Lecteurs
trop délicats, fervent heureufement à
faire taire certains critiques, en prou-
vant que l'Ouvrage a été confervé
dans fa prémiere & naïve fimplicité.
Ecoutons là - deffus l'éloquent Evê-
que de Meaux ‡ :   „ Il y a,
„ dit-on, des difficultez dans l'hiftoi-
„ re de l'Ecriture.   Il y en a, fans
„ doute, qui n'y feroient pas, fi le
„ Livre étoit moins ancien, ou s'il
„ avoit été fuppofé, comme on l'ofe
„ dire, par un homme habile & in-
„ duftrieux ; & fi l'on eut été moins
„ religieux à le donner tel qu'on le
„ trouvoit, & qu'on eut pris la li-
„ berté de corriger ce qui faifoit de
„ la peine.   Il y a les difficultez
„ que fait un long tems, lorfque
„ les lieux ont changé de nom &
„ d'état ; lors que les dates font ou-
„ bliées ; lors que les généalogies ne
„ font

---

‡ Bossuet, *Difcours fur l'Hiftoire Univerfelle,*
Part. II. Chap. xiii.

,, font plus connuës, qu'il n'y a plus
,, de reméde aux fautes qu'une copie
,, tant foit peu négligée introduit fi
,, aifément en de telles chofes , ou
,, que des faits échappez à la mé-
,, moire des hommes laiffent de l'ob-
,, fcurité dans quelque partie de l'hif-
,, toire.   Mais enfin cette obfcurité
,, eft-elle dans la fuite même ou dans
,, le fond de l'affaire ? Nullement :
,, Tout y eft fuivi ; & ce qui refte
,, d'obfcur ne fert qu'à faire voir dans
,, les Livres Saints une antiquité plus
,, vénérable ,,.

7°. Les falfifications ne font pas
impoffibles , quand il s'agit d'un Livre
obfcur & négligé. Mais c'eft ici un
Livre public & authentique , qui faifoit l'unique régle du Gouvernement
& de la Religion de tout un Peuple ;
un Livre auquel le cœur de ce Peuple étoit attaché , comme contenant fes
titres & fes droits , qui étoit lû jour-
nellement dans les familles , que les
Magiftrats & les Docteurs étudioient
avec foin , qui devoit être lû folem-
nellement tous les fept ans , & que le

R 5

Roi

Deuter.
XVII.
18. 19.

Roi lui-même devoit lire chaque jour & transcrire de sa propre main. De tels Livres sont-ils sujets comme les autres à être altérez & corrompus ?

8°. De plus, si l'on y prend garde, la Loi est ici tellement liée avec les Faits, & le Dogme avec l'Histoire, qu'il est impossible que l'une de ces deux parties ait été cousuë à l'autre. Dans toutes les instructions que Moïse donne aux Hebreux, il ne manque pas de rappeller les grands événemens dont ils avoient été les témoins, & de s'en servir comme d'un motif pour porter ce Peuple à l'obeïssance. Vous ne trouverez presque aucun discours, aucun préambule d'Ordonnance, qui n'y fasse allusion. Et sans cela, en effet, sur quoi auroit-il fondé ses Loix, & par quel charme auroit-il engagé les Israëlites à s'y soumettre ? Détachez-en les faits miraculeux, tout le reste tombe; il n'y restera ni suite, ni base, ni liaison. Le Dogmatique & l'Historique sont tellement mêlez, & forment un tissu si inséparable, qu'il faut ou en revenir à la premiére pensée que

nous

nous avons refutée , & dire que tout l'Ouvrage eft fuppofé ; ou bien convenir que la partie hiftorique eft auffi ancienne & auffi originale que le refte.

Enfin (car plus on creufe, plus les raifons s'offrent en foule) il y a une grande différence entre des Faits qui ne tiennent, pour ainfi dire, à rien, & qui n'ont point de fuite, & des Faits qui caufent de grandes révolutions, & qui entrainent bien des chofes après eux ; Car en matiére d'hiftoire, c'eft principalement par les fuites que la vérité fe découvre. Or les événemens dont nous parlons fe trouvent écrits non feulement dans les Livres des Hébreux , mais en quelque forte dans leur Pratique & dans leurs Ufages, comme en autant de mémoriaux vivans & fenfibles. En conféquence de ces Faits, un Peuple nombreux fe foûmet à une Loi nouvelle, finguliére, gênante ; & feul dans le monde adore le vrai Dieu. En conféquence de ces Faits, les Juifs célébrent tous les ans des Fêtes folemnelles ; la Pâque

en

en mémoire de leur sortie d'Egypte; la Pentecôte à cause de la Loi donnée cinquante jours après, sur le mont Sinaï; la Fête des Tabernacles, pour se souvenir de leurs Campemens dans le Désert. Chaque circonstance de ces Solemnitez, sert à réprésenter aussi quelque circonstance historique. Que veut dire, par exemple, la coûtume d'arroser le seuil de leur porte du sang d'un Agneau, & de racheter leurs Prémiers-nez, si ce n'est que Dieu épargna leurs Enfans en frappant ceux des Egyptiens * ? Quel sens auront la plûpart de leurs Cérémonies, si vous en ôtez l'allusion à quelque trait de leur histoire? Ils conservent l'Arche, les Tables de la Loi, quelque peu de Manne, & la Verge qui avoit fleuri entre les mains d'Aaron. Ce sont là autant de monumens parlans, qui dé-

---

* Il semble que la mémoire de cet événement se soit aussi conservée chez les *Egyptiens*, puis qu'au rapport de S. E P I P H A N E (*Haref.* 18.) ils mettoient la veille de Pâques du vermillon sur leurs maisons, sur leurs terres, sur leurs brebis, & sur leurs arbres, comme par imitation de ce que les Israëlites avoient fait.

dépofent la même chofe que leurs Livres. La créance de ces Miracles eft donc auffi ancienne parmi eux que leur Religion. Toutes leurs Cérémonies roulent là-deffus; & c'eft par là feulement qu'on peut en découvrir l'origine & le but. Sans cette clé, vous ne comprenez rien à la plûpart de leurs Loix & de leurs Coûtumes. Mettez à part l'Hiftoire dont nous parlons, la police de ce Peuple devient une Lettre indéchiffrable : Preuve certaine que l'Hiftoire & les Loix ne doivent point ici fe féparer , & que la derniére hypothéfe qui voudroit le fuppofer, n'a pas plus de vraifemblance que les prémiéres.

CHAPITRE VIII.

Suite de l'Hiftoire de l'Ancien Teftament.

LA vérité du *Pentateuque* une fois reconnuë, tout le refte de l'Hiftoire Judaïque n'a plus de quoi nous arrê-

arrêter. C'est un abrégé dès Annales de la Nation, écrites par des Auteurs contemporains & dignes de foi. Si l'on y trouve de tems en tems quelque récit qui peut surprendre, il faut voir d'abord si le génie des Orientaux, reconnus pour être amateurs du style figuré, ou bien quelqu'autre régle & remarque de critique, ne fournit point un moyen naturel de lever la difficulté : Car comme on ne doit pas rejetter le merveilleux dès qu'on le trouve, il n'est pas nécessaire non plus de le chercher à chaque pas. Après cela, il faut se souvenir de ce qui a été observé ci-dessus, qu'il s'agit ici d'un Peuple tout extraordinaire, que Dieu voulut protéger spécialement, & séparer des autres, pour des raisons très-importantes. Dès lors il n'est pas étonnant qu'il se fasse tant de choses pour l'introduire dans le Pays de Canaan sous la conduite de Josué, & pour l'y maintenir sous celle des Juges ; C'est une suite des événemens dont nous avons déja vû la vérité. L'établissement d'une Religion

&

& d'une République si singuliére, ne pouvoit se faire par des voyes communes ; il falloit frapper de grands coups, sur tout dans les commencemens; Après quoi les choses étant une fois mises en train, pouvoient plus facilement rouler sur le pied ordinaire. De là vient que l'Histoire des Juifs est moins chargée de faits miraculeux, à mesure qu'elle s'éloigne de la fondation de leur Etat. On remarque même que le don de Prophétie cessa après la Captivité de Babylone, parce que ce Peuple étoit suffisamment guéri de l'Idolatrie, & affermi au service de Dieu. La Providence, qui ne prodigue point les Miracles sans nécessité, jugea alors qu'il ne falloit plus employer que des moyens naturels pour entretenir son Ouvrage.

,, *Une chose remarquable dans tou-
,, te la suite de l'Histoire Sainte, c'est
,, de voir que tout s'y rapporte à Dieu,
,, que tout est régi par sa Providen-
,, ce, pour la punition des Méchans,
&

* J A Q U E L O T, *Dissertation III. sur l'Existence de Dieu,* Chap. VIII.

„ & pour la récompenfe des bons.
„ Si le Peuple eft victorieux, c'eft un
„ effet de la bonté divine ; s'il eft
„ battu & fubjugué par l'Ennemi, cet-
„ te défaite, cet efclavage eft un ef-
„ fet des châtimens de Dieu „. L'Hiftoire Sacrée ne s'arrête point aux affaires politiques, ni à des confidérations
purement humaines. Elle ne perd jamais la Divinité de vûë ; elle ne nous
parle des actions du Peuple & des
Rois que par rapport à Dieu & à
la Religion. Ce caractére fingulier
diftingue de toutes les Hiftoires profanes.

Les Incrédules fe montrent peu équitables dans les difficultez qu'ils fe plai-
fent à trouver en cette Hiftoire. Au
lieu de donner à certaines expreffions
fortes un fens raifonnable & adouci,
ils affectent de les preffer à toute rigueur, & de rapporter tout à nôtre
goût & à nos ufages. Ils voudroient
que l'Ancien Teftament fût auffi clair
pour nous que ce qui s'écrit de nos
jours, fans confidérer que c'eft le fort
de tous les anciens Livres d'avoir quelques

ques obscuritez, & que l'éloignement des tems & la différence des Langues & des Coûtumes nous fait perdre une infinité de choses qui seroient propres à en faciliter l'intelligence. Par exemple, l'on se récrie fort sur de prétenduës méprises de Chronologie ou de Géographie, qui peuvent ne paroître telles qu'à cause de certaines circonstances que nous ignorons. Un petit éclaircissement concilieroit tout ; mais cet éclaircissement qui git en fait, nous manque, & les conjectures des Savans Modernes ne sauroient toûjours y suppléer, quoique souvent ils nous en fournissent de fort heureuses. Deux Historiens peuvent s'accorder dans le fond, & laisser paroître quelque opposition dans les termes. Une omission de la part de l'un, ou seulement le choix d'une expression plus ou moins vague, fait toute la difficulté. Ils peuvent aussi prendre une différente route dans leurs calculs, & ne pas garder le même ordre dans leurs narrations. Que l'un mette des nombres précis, & l'autre des nom-
S

bres

bres ronds; que l'un compte le régne d'un Prince depuis qu'il fut aſſocié au Trône par ſon Pere, & l'autre depuis qu'il régna ſeul; que l'on diſtingue la derniére année du Pére & la prémiére du Fils, qui ſont pourtant la même, * ou que ces Princes ayent eu divers noms, comme c'eſt la coutume des Monarques d'Orient, en voilà aſſez pour cauſer quelque confuſion. Ce ſeroit avoir une grande envie de chicaner, que de prendre ces ſortes de différences pour autant de contradictions réelles.

Un autre préjugé auſſi mal fondé, eſt de meſurer toûjours les tems anciens par le nôtre. Il ſemble à quelques-uns, qu'il y ait de l'exaggération à faire ſortir de Jacob, au bout de deux Siécles & demi, ſix cens mille ames, ſans compter les femmes ni les enfans; & à faire monter le nombre des Sujets de David à environ 14. millions

Exod. XII. 37.

d'a-

---

* Mr. Des Vignoles aſſure que tout l'embarras de la Chronologie des Rois de Juda & d'Iſraël ſera levé, ſi l'on compte pour une ſeule année la derniere du pére & la prémiere du fils, comme cela eſt juſte.

d'ames, dans un Pays qui ne semble pas pouvoir en nourrir autant. Mais la surprise cessera, si l'on pense que Dieu avoit promis de multiplier extraordinairement la race d'Abraham, que l'Egypte où avoient demeuré les enfans d'Israël étoit prodigieusement peuplée, les femmes y étant d'une fécondité particuliére, ‡ & le climat étant fort bon ; & qu'enfin si l'on veut prendre la plume, & calculer, on trouvera que la multiplication d'une Famille à ce point là, n'a rien de fort extraordinaire *. Quant au dénombrement fait sous David, on doit savoir que ce Roi avoit étendu ses Conquêtes au long & au large, & qu'un Peuple si nombreux ne laissoit pas de subsister dans un espace assez étroit, parce que le Pays étoit alors très-fertile, & qu'on pouvoit encore tirer des vivres d'ailleurs, les Vaisseaux du Roi n'allant pas seulement sur les Côtes voi-

II. *Sam.* XXIV. 9. & I. *Chron.* XXI. 5.

S 2

sines

‡ Il étoit fort ordinaire en ce Pays-là que les femmes missent au monde trois enfans à la fois; ce qu'ARISTOTE & PLINE attribuent aux eaux du Nil.

* Voyez USSERIUS dans le XI. Chapitre de sa *Chronologie.*

fines, mais faifant des voyages de long cours. La Campagne bien cultivée peut nourrir plus d'Habitans qu'on ne s'imagine ; & d'ailleurs c'eft un fait conftant que divers Pays, comme l'Afie mineure, la Gréce, la Sicile, & l'Italie, étoient incomparablement plus peuplez autrefois, qu'ils ne le font aujourd'hui. Pourquoi ne veut-on pas que la Paleftine ait eu le même avantage, & même au delà, fous un régne très-floriffant ?

Les mêmes remarques, à peu près, nous ferviront pour ce qui eft dit des richeffes immenfes de David & de Salomon. Le premier deftina à la conftruction du Temple cent mille Talens d'or, que *Cumberland* évaluë à 507 millions 600 mille livres fterlin, & dix millions de Talens d'argent, qui font 353. millions de livres fterlin. Cela paroit prodigieux en comparaifon de ce que poffédent aujourd'hui les plus grands Rois. *Prideaux* † croit que

I.Chron.
XXII.14.

le

---

† P R I D E A U X, *Connection of the Hiftory of the Old and New Teftament*, &c. Part. I. Book I. vers le commencement ; & là même *Book I'.* à l'année 453. avant Jesus-Christ.

le Talent étoit moins fort dans ce tems-
là que du tems de Moïse, ce qui di-
minuë considérablement la somme. Mais
quand cette remarque n'auroit pas
lieu, ceux qui sont tant soit peu ver-
sez dans l'Antiquité, sçavent quelle
immense quantité d'or & d'argent il
y avoit en Asie, & ensuite à Rome,
& que les Trésors des Rois de Perse, des Ptolomées, de Pythius le
Lydien, & de Crassus, passoient tout ce
qu'on en peut croire. Un savant Homme * a même prouvé qu'il y avoit plus
de richesses dans la Perse seule, qu'il
n'y en a présentement dans tout le
Monde commerçant. Si l'on demande ce qu'elles sont devenuës, il ré-
pond qu'elles ont été dispersées &
enfouïes, depuis les ravages affreux
des Huns, des Gots, des Vandales,
des Sarrasins, des Tartares, & des
Turcs. Les anciennes Mines sont
épuisées, & celles du Mexique &
du Perou, découvertes seulement de
puis environ deux Siécles, n'ont pû
encore les remplacer. Cela étant,
il n'est point incroyable que David

* Le P. D. *Bernard de Montfaucon,* dans le III. Tome du Supplément à l'Antiquité expliquée.

& Salomon, qui envoyoient des Flot-
tes en Afrique,& jusqu'aux Indes Orien-
tales, ayent pû amasser une très-gran-
de quantité d'or & d'argent.

Après cela, pour ces sortes de nombres & de faits, il est bon de remarquer en général, que si les diverses
explications qu'on en donne ne satis-
font pas tout le monde également,
il n'y a point d'inconvénient à avouër
qu'il a pû se glisser quelque erreur
dans le Texte, par la faute des Co-
pistes †. Si nos Imprimeurs ne sont
pas infaillibles, il n'y a aucune raison de croire que les anciens Copif-
tes l'étoient : Et heureusement nôtre
foi ne dépend pas d'un mot ou d'une
syllabe ; le fond des choses est si net-
tement exprimé, & répété tant de fois,
que ces petites altérations Grammatica-
les ne sauroient y donner atteinte. *

CHA-

---

† Il faut bien, par exemple, que cela soit
arrivé au Chapitre XXI. & XXII. du II. Liv. des
Chroniques, par rapport à l'âge d'*Achasias*, comme on peut s'en convaincre en consultant le II.
Livre des *Rois*, Chapitre VIII. ℣. 26. Les Théo-
logiens avouënt presque tous la même chose touchant ce *Cainan*, qui se trouve nommé par mé-
prise au III de *S. Luc.* ℣. 36.

* *Salvâ fide quâ Christiani sumus,* dit S. AUGUSTIN.

CHAPITRE IX.

Des Prophéties de l'Ancien Testament.

LA fonction des Prophétes étoit de rappeller le Peuple à son devoir, par des Exhortations & des Censures publiques. Dieu les suscitoit particuliérement, lorsque la Nation tomboit dans l'apostasie, & que les Rois eux-mêmes devenoient prévaricateurs. Alors ils étoient envoyez pour *dire à Israël ses forfaits, & à Jacob ses iniquitez;* ce qu'ils faisoient toûjours au nom de Dieu, & comme autorisez de sa part. De là vient que leurs discours commencent ordinairement par ces mots, *Ainsi a dit l'Eternel.* Et les Juifs, quoique repris par eux, & menacez dans les termes les plus rudes, les ont toûjours regardez sur ce pied-là ; ils vénérent leur mémoire & leurs Ecrits, comme de personnages remplis de l'Esprit divin.

Et en effet, leur caractére ferme & austére, l'intégrité de leur vie,

Que les Prophétes de l'Ancien Testament ont été inspirez de Dieu.

Leur sincérité & leur droiture.

leur

leur zéle pour la gloire de Dieu, leur deſintereſſement, la noble hardieſſe avec laquelle ils parlent aux Grands, & bravent leurs menaces, bien différens en cela des Devins du Paganiſme, qui flattoient les paſſions des Princes † ; tout marque de quel eſprit ils ſont animez. S. Paul dit, que *les uns ont ſouffert les moqueries, le fouet, les chaines & les priſons ; que d'autres ont été lapidez, ſciez, mis aux plus rudes épreuves, qu'ils ſont morts par le trenchant de l'épée, qu'ils ont été fugitifs, vêtus de peaux de brebis ou de chévres, manquant de tout, affligez, maltraitez, eux dont le monde n'étoit pas digne ; qu'ils ont été errans dans les déſerts & ſur les montagnes, ſe cachant dans les antres & dans les cavernes de la Terre.* En faut-il davantage pour juſtifier la droiture de leurs ſentimens? ,, Qui jamais, dit Lactance, dût être ,, moins ſuſpect de fraude qu'eux, qui

en

Heb. XI.

L. Ferré
Lib. V.

---

† On ſçait le reproche qui ſe faiſoit à la Prêtreſſe de *Delphes*, de favoriſer *Philippe*, ἡ Πυϑία φιλιππίζει ; & avec quelle baſſe complaiſance l'Oracle d'*Ammon* flatta la vanité d'*Alexandre*.

,, en détournent fi fortement les au-
,, tres, & dont tout le foin eft de
,, rendre redoutable la Majefté de Dieu,
,, & de réprimer les vices ? L'impof-
,, ture vient ordinairement de l'amour
,, du gain ; c'eft l'intérêt qui fuggé-
,, re le menfonge. Mais on ne peut en
,, foupçonner des gens qui abandon-
,, nent tout pour faire leur de-
,, voir, & qui loin d'avoir aucun pro-
,, fit en vûë, s'expofent aux tourmens
,, & à la mort pour l'amour de la
,, vérité. Car les préceptes de jufti-
,, ce bleffent un cœur vicieux. C'eft
,, pourquoi ceux qu'ils cenfuroient s'en
,, vangérent en les maltraitant & les
,, faifant mourir ; ce qui fait bien voir
,, qu'aucun intérêt humain ne les con-
,, duifoit dans leurs démarches.

Que fi l'on veut confidérer la nature même des chofes qui fortoient
de leur bouche, on fe convaincra encore mieux qu'ils étoient infpirez du
Ciel. Car premiérement, ce font des
fentimens fi relevez, des idées fi nobles de Dieu, & une telle force &
majefté de ftile, que tout ce que l'é-

L'excel-
lence des
chofes
qu'ils en-
feignent.

S 5

loquen-

loquence & la fageffe humaine ont produit de plus beau dans le Paganifme n'en approche pas, comme on l'a remarqué ci-deffus.

Leurs prédictions. Secondement, leurs difcours fe trouvent parfemez de prédictions, qui ont eu leur accompliffement. Or de tous les caractéres de divinité qui peuvent fe trouver dans un Livre, il n'y en a point de plus frappant que celui-là. La connoiffance de l'avenir a toûjours été regardée comme le partage propre de celui qui fait tout, & c'eft auffi à cette marque que l'Eternel vouloit qu'on le diftinguât des faux Dieux. *Ifaïe XLI. 23.* *Déclarez-nous les chofes qui doivent arriver, & nous faurons que vous êtes Dieux.*

Mais plus ce privilége eft beau, plus doit-on être en garde contre toute furprife. La vaine curiofité d'une part, & l'ambition ou l'avarice de l'autre, ont produit là-deffus bien des impoftures. Le Paganifme a eu fes Oracles, & chaque Pays fes Devins, qui fe joüoient de la crédulité populaire. Les Péres de l'Eglife

ont

ont rapporté cela à l'artifice du Démon, qui est le singe de la Divinité. D'autres n'y voyent que des effets de l'adresse humaine †. Quoiqu'il en soit, on peut dire que comme les faux Miracles semblent supposer qu'il y en a eu de vrais, aussi la multitude des faux Oracles ne doit point nous faire rejetter tout ce qui en porte le nom, mais seulement nous exciter à en faire un juste discernement.

Trois choses sont nécessaires pour caractériser une vraie Prophétie; 1°. qu'elle ait été faite & publiée avant l'événement; 2°. qu'elle s'exécute à point nommé; 3°. qu'elle ait pour objet des choses où la prévoyance humaine ne peut atteindre. Outre ces conditions absolument requises,

il

Caractéres d'une vraye prédiction.

---

† Voyez le Traité des *Oracles* de VANDALE, si élégamment tourné en François & abregé par Mr. de FONTENELLE. Mr. ALLIX fait aussi voir dans le IV. Chapitre de ses *Réfléxions sur l'Ecriture Sainte*, Tome II. qu'il n'y a rien eu parmi les Oracles Payens, qui puisse être justement comparé avec les Prophéties de l'Ancien Testament. EUSEBE dans sa *Préparation Evangélique* Livre IX. Ch. v. prouve touchant la plûpart de ces Oracles, qu'ils étoient faux & supposez.

il y a des circonstances qui ne servent pas peu à en relever l'éclat. Plus les prédictions font anciennes, claires, & détaillées, plus l'on y reconnoit la voix de Dieu. Si quelcun, par exemple, avoit prédit, il y a trois ou quatre cens ans, la destinée des Valois & des Bourbons, leurs entreprises, leurs Guerres, leurs Alliances, chaque Minorité & chaque Régne ; si dans le même tems on avoit dit, qu'un jour les deux Couronnes d'Angleterre & d'Ecosse seroient unies sur la tête d'un des Stuarts, qu'un autre Prince de la même Maison perdroit la vie sur l'échaffaut, qu'un troisiéme abandonneroit le Thrône, que sa Fille & son Gendre régneroient en sa place, & qu'après quelque tems le Sceptre passeroit dans une autre Maison ; qui pourroit s'empêcher de reconnoitre en de telles prédictions une pénétration plus qu'humaine ?

Or l'on en trouve plusieurs dans l'Ancien Testament, qui ne font guéres moins claires, ni moins circonstanciées. La plûpart concernent le Peuple

ple Juif; Quelques-unes regardent les Nations étrangéres ; Plusieurs ont en vûë l'avénement du Messie. Nous ne parlerons point ici de ces derniéres , parce qu'elles trouveront leur place ailleurs. Contentons-nous d'alléguer deux ou trois exemples des premiéres, comme pour servir d'échantillon.

Dans le 26ᵉ. Chapitre du Lévitique , & dans le 27ᵉ. du Deuteronome, Moïse dénonce aux Israëlites qu'ils *seront transportez hors de leur Pays par une Nation éloignée* , dont ils *n'entendront pas la langue*, que dans ce tems-là ils auront *un Roi*, *lequel sera transferé avec eux* , que *leur Capitale sera assiégée*, & *le Sanctuaire désolé* , que pendant le Siége ils seront *réduits à une horrible famine*, jusques-là *que les Méres mangeront leurs Enfans*, que leurs terres demeureront incultes *pendant leurs Sabbaths*, qu'ils seront *foulez* , *dispersez* , *vendus & menez en Egypte* , qu'après toutes ces calamitez pourtant un grand nombre d'entr'eux *se repentiroit* , & qu'alors Dieu se *ressouviendroit de son Alliance*.

Ces

Voyez *Jaquelot*, de la vérité & de l'inspiration des Livres Sacrez, ch. XVI.

Ces paroles n'ont pas befoin d'un long commentaire, pour qui fait un peu l'Hiftoire des Juifs. On voit affez comment tout cela fut accompli de point en point dans la tranflation des dix Tribus en Affyrie, & dans la ruïne de Jérufalem, & la Captivité de Babylone, pour ne point parler de la fubverfion totale de cet Etat, par les armes des Romains. Ce ne font point là de fimples menaces. Moïfe parle d'un ton trop pofitif, & entre dans un trop grand détail. Il fait entendre que la Nation auroit alors des Rois, quoique cette forme de Gouvernement n'ait eu lieu que long-tems après ; il menace cette Nation, non d'être détruite, ou fimplement affujettie, mais d'être exilée & difperfée, & cela chez des Peuples éloignez, tels qu'étoient les Affyriens, les Chaldéens, & les Romains; il dépeint en particulier toutes les fortes de malheurs qui devoient fondre fur cette miférable Nation. Et l'on fait qu'en effet Samarie & Jérufalem furent affiégées & défolées miférable-
ment;

ment ; les lieux Saints furent profa-
nez, & la famine fut si horrible dans
ces deux Villes, que des Méres se
portérent jusqu'à cet excès de barbarie que de manger leurs Enfans,
comme on le voit touchant Samarie
dans le second Livre des Rois ch. VI.
& touchant Jérusalem, lorsqu'elle fut
assiégée pour la derniére fois, dans le
septiéme Livre de JOSEPHE, *de la
Guerre des Juifs* ch. 21. La Terre
demeura inculte pendant ses Sabbaths,
comme cela est marqué dans le second des Chroniques ch. 36. ℣. 21.
par une élégante allusion aux années
Sabbatiques, & à la Captivité qui
dura 70. ans. Les Juifs furent dispersez en diverses contrées, sans avoir
de demeure fixe ni de repos assu-
ré, vivant sous une domination
étrangére, troublez & maltraitez par
tout. Plusieurs furent vendus & menez en Egypte ; ce qui fit qu'il s'y
en trouva un grand nombre, lorsque
Ptolomée Philadelphe leur donna la
liberté. Enfin il y en eut parmi eux
qui se repentirent, & qui pleurérent
les

les péchez du Peuple, comme Daniel, Esdras, Nehemie, & d'autres; ce qui engagea le Seigneur à se ressouvenir de son Alliance, & à mettre fin à la Captivité de Babylone. Et après la derniére ruïne de Jérusalem, les plus gens de bien d'entr'eux ayant embrassé l'Evangile, reçûrent l'effet des promesses de Dieu, d'une maniére encore plus ample & plus parfaite. C'est ainsi que ce que Moïse avoit annoncé plusieurs Siécles auparavant, eut son accomplissement exact, quoique ce fussent des choses que le hazard ou la simple prudence humaine ne pouvoient pas faire deviner.

La Prophétie d'Isaïe contenuë dans les chapitres 44. & 45. est encore plus remarquable. Il y annonce les destinées de Cyrus, & le rétablissement de Jérusalem. En voici quelques traits : *Je suis celui qui dit à Jérusalem, Tu seras habitée, & aux Villes de Juda, Vous serez rebâties, & je rétablirai ses demeures désertes. Je dis à Cyrus, Tu és mon Pasteur, & il accomplira mon bon plaisir. Je dis*

à

à Jérusalem, Tu seras édifiée, & ton Temple sera relevé. Et au chapitre suivant: *Ainsi a dit l'Eternel à Cyrus mon Oint, duquel je conduirai la main, pour faire plier les Nations, & pour briser les reins des Rois devant lui.*

Voilà ce qu'écrivoit le Prophéte, deux cens ans avant que Cyrus fut au monde. Aussi apprenons-nous de JOSEPHE, que lors qu'on présenta le Livre d'Isaïe à ce Prince, il fut frappé d'étonnement, & déclara qu'il n'étoit que l'executeur des ordres du Ciel. Les Juifs avoient-ils supposé cet Oracle, pour lui inspirer le dessein de leur faire du bien? Mais cette audace eut pû les perdre, puisque leurs Livres étoient assez connus afin que chacun y pût lire le contraire, & découvrir la fraude. Il est certain aussi que le Livre d'Isaïe étoit publié avant la Captivité de Babylone, puisque Michée, Nahum, & Jérémie y font allusion, & le copient en plusieurs endroits. D'ailleurs on sait jusqu'à quel point les Juifs portoient le respect & le scrupule religieux pour

Esdras I. 2.

T

leurs

leurs Livres Sacrez. Jamais Nation n'en fut fi jaloufe, & jamais on ne vit les Sacrificateurs y donner la moindre atteinte, lors même qu'ils auroient eu le plus d'intérêt à le faire. Jéroboam lui-même n'ofa y porter une main facrilége. Y ajoûter ou en retrancher un feul article, étoit un attentat que tout le monde eut regardé avec horreur.

La prédiction de Jérémie fur la durée de la Captivité, & celle d'Elie fur la ruïne de la Maifon d'Achab, mériteroient fans doute qu'on y fit auffi attention. Mais pour abréger, nous paffons tout d'un coup à celle de Daniel, touchant les quatre grandes Monarchies, qui pafférent en revûë devant lui, d'abord fous la figure d'une grande Statuë compofée de quatre fortes de matiéres différentes, & enfuite fous l'emblême de quatre animaux. Au Chapitre VIII. il eft queftion de l'Empire de Perfe détruit par Aléxandre; ce qui eft repréfenté par un Bélier abbatu par un Bouc qui venoit d'Occident. La grande corne de

ce

Voyez le Difc. fur l'Hif toire Univ.

Ch. II.

Chap. VII.

ce Bouc fut brifée à fon tour, & quatre petites cornes fortirent en fa place; ce font les quatre Monarchies qui fe formérent du débris de celle d'Aléxandre. Le Chapitre XI. va encore plus loin. Il y eft dit que le quatriéme Roi de Perfe, qui furpaffera en richeffe tous fes Prédéceffeurs, foulévera toute la Terre contre JAVAN; en quoi il eft facile de reconnoitre XER-XES, qui marcha avec un prodigieux appareil de guerre contre la Gréce. *Puis un vaillant Roi s'élévera & dominera puiffamment.* C'eft ALEXANDRE *le* GRAND, qui conquit l'Afie en peu d'années. *Et fi-tôt qu'il fera en état, fon Royaume fera brifé & divifé aux quatre vents des Cieux, & il ne fera point pour fa race ni felon la même domination que lui; car fon Thrône fera extirpé & paffera à d'autres.* Chacun fait qu'Alexandre mourut à la fleur de fon âge, fans avoir des Succeffeurs de fon fang, & qu'après de longues Guerres entre fes Capitaines, il fe forma quatre principaux Royaumes, favoir celui de Macédoine, de

Thra-

Thrace, de Syrie & d'Egypte, outre plusieurs Provinces d'Orient qui se démembrérent. La suite du chapitre regarde les Rois d'Egypte & de Syrie, leurs Guerres & leurs Mariages, jusqu'à Antiochus Epiphanés, & tout cela si clairement qu'on croit plûtôt lire une Histoire qu'une Prophétie. C'est ce qui faisoit soupçonner à *Porphyre*, grand ennemi des Chrétiens, que le Livre de Daniel avoit été composé après le Régne d'Antiochus Epiphanés. Il étoit si frappé de l'éclat de cette prédiction, que ne pouvant l'expliquer, il aima mieux nier le fait. Trois Auteurs anciens * le refutérent solidement, au rapport de S. JEROME. Quoique leurs écrits se soient perdus, & que nous ne soyons plus autant

à

---

* Savoir METHODIUS, EUSEBE & APOLLINAIRE, comme le témoigne S. JEROME dans la Préface de son Commentaire sur *Daniel*.

Daniel.
III. 15.
† Ce n'est point une difficulté suffisante pour le nier, que d'y voir quelques mots qui sont certainement Grecs, savoir les mots de *Cithare*, de *Psalterion* & de *Symphonie*. Ce sont là des noms d'instrumens de Musique, dont les Grecs étoient inventeurs, & qu'ils pouvoient avoir

porté

à portée qu'eux de vuider cette question, il nous reste pourtant encore
assez de remarques à faire pour y suppléer.

1°. Les Juifs ont toûjours été d'u-
ne extrême délicatesse à ne recevoir
dans leur Canon que des Livres d'u-
ne autorité certaine & reconnuë. Or
la clôture de ce Canon se rapporte
au tems d'ARTAXERXES, & ne va
pas plus loin. Aucun Livre dès lors,
quoique bon & utile, n'y a été ad-
mis, parce qu'on étoit généralement
persuadé que le don de Prophétie
avoit cessé. Celui de Daniel est donc
antérieur, du moins au Régne des
Macédoniens en Asie. †

2°. Ezéchiel parle de Daniel en plus
d'un endroit, comme d'un excellent
personnage, doüé du don de Prophétie.

T 3

Il

porté à Babylone. On sait que les termes d'Art
s'adoptent d'une Langue à l'autre, presque sans
aucun changement ; C'est ainsi que les Turcs don-
nent souvent des noms Européens à des inven-
tions qui viennent de l'Europe, comme à nôtre
tour nous empruntons des mots Asiatiques, pour
exprimer des choses qui croissent dans ce pays-
là.

Il y avoit donc des prédictions qui paſſoient pour être certainement de lui dès le tems de la Captivité.

3°. JOSEPHE nous apprend que ces prédictions furent préſentées à Alexandre, lors qu'il fit ſon entrée à Jéruſalem, & que ce Conquerant ravi de voir que l'Empire de l'Aſie étoit promis à un Prince Grec, ne manqua pas de s'en faire l'application. L'Ouvrage n'a donc pas été forgé long-tems après.

4°. Il eſt fait mention du Livre de Daniel dans l'Hiſtoire des Maccabées. JESUS-CHRIST & les Apôtres le citent comme le Livre d'un Prophéte ; ✝ Joſephe en parle avec une grande eſtime , & n'admire pas moins que nous les Oracles dont il s'agit ; Toute la Tradition s'accorde à reconnoitre

---

✝ Il eſt vrai que le Livre de *Daniel* eſt ordinairement rangé par les Juifs dans la claſſe des *Hagiographes*, & non des *Prophétes* ; ce qui eſt venu de ce que Daniel avoit moins ſuivi le genre de vie des Prophétes, que celui des gens de Cour, tel qu'avoit été David. Mais cela n'empêche pas que les Juifs eux - mêmes ne reconnoiſſent ce Livre pour être vraiement Prophétique.

noitre ce Livre pour authentique &
original. Eſt-ce bien raiſonner que
de le nier, par cela ſeul qu'il parle
trop clairement ? A la bonne heure, que cette clarté inſpire d'abord
quelque défiance. Mais quand on s'eſt
aſſuré par les régles ordinaires de l'Hiſtoire & de la Critique, qu'il ne paroit dans un Livre aucune marque de
ſuppoſition, la clarté de la prédiction ne doit avoir alors d'autre effet,
que de nous faire d'autant plus admirer la profondeur de l'Eſprit de
Dieu qui l'a dictée.

CHAPITRE X.

Conclufion.

APrès l'examen qui a été fait des
Dogmes & des *Loix* de l'Ancien
Teſtament, dans les deux premiers articles de cette Section, l'on ne peut nier
que ce ne ſoit une Doctrine bien pure,
une Diſcipline toute ſainte, & que Moïſe
ne fut bien fondé à dire, comme il
fait au 4e. chapitre du Deuteronome :

                    Y a-t-il

Y a-t-il quelqu'autre Nation, qui ait des Préceptes & des Ordonnances auſſi juſtes que toute cette Loi que je vous propoſe aujourd'hui ? ,, Les Hébreux,

Contre Celſe L. 5.

,, *dit* ORIGENE, étoient plus éclai-,, rez non ſeulement que le commun ,, des hommes, mais même que ceux ,, qui paſſent pour Philoſophes. Car ,, ces Philoſophes, après toutes leurs ,, belles ſpéculations, ſe laiſſoient aller ,, au culte des Démons & des Ido-,, les, au lieu que le moindre d'en-,, tre les Juifs adoroit le grand Dieu ,, uniquement. On a vû chez eux ,, un exemple de cette Republique cé-,, leſte, dont PLATON a bien tâché ,, de donner une idée, mais qu'il a ,, ſçû à peine dépeindre auſſi bien que ,, Moïſe l'a éxecutée, puiſque ce der-,, nier a réellement imbu d'une doc-,, trine exempte de ſuperſtition une ,, race d'hommes choiſis, & une Na-,, tion toute conſacrée à Dieu ,,.

Ailleurs on ne voit que changemens & viciſſitudes dans les Religions. C'eſt le ſort de tout ce qui vient de la main des hommes, d'être accrû, di-

mi-

minué, alteré, aboli avec le tems. Les Romains tirent leur Théologie des Grecs, & ceux-ci la tirent des Egyptiens ou des Phéniciens. Rome admet en son sein les Dieux des Nations vaincuës; c'est tantôt une Cybéle, tantôt une Isis ou un Esculape qu'on transporte en Italie; chaque révolution abolit d'anciens cultes, & en introduit de nouveaux; un Dieu vient à la mode, pendant qu'un autre est oublié. Leur Religion se forme par piéces. Leurs Loix pareillement se ressentent de l'inconstance humaine. Celle des Juifs s'est trouvée entiére & parfaite dès son origine, sans que leurs Rois ni leurs Gouverneurs ayent eu besoin d'y toucher. *Il n'y a que les Loix de Moïse,* dit PHILON, *qui soient demeurées fermes & stables, comme étant marquées au coin de la Nature. Car encore que le Peuple Hébreu ait passé par tous les états de la bonne & de la mauvaise fortune, il n'y a pas un Iota de changé dans la Loi. Or ce que ni Roi, ni Tyran, ni les passions humaines, ni les cala-*

Disc. sur l'H st. Univ. P. II. c. III.

De la vie de Moïse L. II.

T 5   mitez

mitez n'ont pû abbattre *, *ne seroit-ce pas une chose excellente & divine?*

Jaque-lot, de la vérité, & de l'Inspi-ration des Li-vres Sa-crez, ch. 8.

,, Si Moïse n'eût pas été le Ministre ,, de Dieu, il n'auroit pû, quel- ,, que force d'esprit qu'on lui donne, ,, tirer du fond de sa Raison des Loix ,, qui reçûrent toute leur perfection ,, à l'instant même de leur naissance, ,, des Loix qui pourvoïent à tout ce ,, qui peut arriver, sans qu'il soit né- ,, cessaire d'y faire aucun changement. ,, C'est ce que jamais aucun Législa- ,, teur n'a fait, & ce que Moïse n'au- ,, roit pû faire, s'il eut écrit en hom- ,, me, de même qu'eux ,,.

Et quel est ce Peuple qui se distin-gue par des lumiéres si pures? Est-ce un Peuple riche, puissant, poli, qui ait cultivé la Philosophie & les beaux Arts? Nullement. C'est un Peuple na-turellement grossier, & chez lequel on ne voit point fleurir les Sciences, com-me

---

* La fidélité des Juifs pour leur Loi a été telle, qu'elle passoit en exemple d'opiniâtreté. Ja-mais ils ne voulurent consentir, du tems d'Alexan-dre, à mettre la main au Temple de Belus, pour ai-der à le réparer (*Hecatée cité par Joseph. l. 2. contre Appion*

me en Chaldée ou dans la Gréce. Cependant quelle comparaison pour les idées de Religion ? On diroit que tous les autres font des enfans, tandis que ceux-ci font des hommes faits. Ils fortoient d'un pays, je veux dire l'Egypte, qui étoit le centre de l'Idolâtrie ; A en juger naturellement, ils devoient en être tous infectez. L'exemple des autres Pays voisins étoit une nouvelle tentation pour eux ; & on voit par l'Histoire qu'en effet ils y fuccomboient de tems en tems. Mais d'où vient qu'ils n'y fuccomboient pas toûjours ? Je ne m'étonne point qu'ils ayent pû quelquefois fe laiffer féduire ; cela eft dans l'humanité. Il eft bien plus furprenant que le torrent ne les ait pas gagnez tout-à-fait, à moins qu'on ne reconnoiffe qu'ils ont eu une Loi divine pour préfervatif.

On reprochoit à cette Nation de n'être pas lettrée comme les Grecs. Cepen-

___

Appion) & l'on fait avec quelle fermeté ils refiftérent à l'Empereur CALIGULA, qui vouloit faire placer fa Statuë dans le Temple de Jérufalem.

pendant elle ne couroit point après les fables, comme eux ; & au lieu des difcours fophiftiques & des études vaines qui étoient fi fort en vogue ailleurs , on apprenoit chez les Hébreux la Science par excellence , favoir à craindre Dieu, à obferver fes Loix, à mettre toute fa confiance en lui, à le regarder comme l'Auteur de tout bien, à vivre d'une maniére véritablement religieufe. Les autres Nations les traitoient de Barbares ; Mais ces prétendus Barbares auroient pû être leurs maîtres dans la connoiflance de la vérité, & le moindre d'entr'eux avoit de plus faines idées des chofes qu'il importe véritablement de favoir, que tous ceux dont on nous vante la fageffe dans le Paganifme. ,, Produifez-nous, ,, fi bon vous femble, *difoit* Origene, ,, les vers de *Linus*, de *Mufée* & ,, d'*Orphée*, & les écrits de *Phérécy-* ,, *de* ; faites comparaifon de leurs Ou- ,, vrages avec ceux de *Moife*, de ,, leurs Hiftoires avec les fiennes, de ,, leurs Préceptes avec fes Loix & fes ,, Enfeignemens ,,. Les Hiftoriens Profa-

nes

Contre Celfe L. I.

nes font pleins de penfées qui marquent une ignorance impie ou fuperftitieufe. Si nos Auteurs Sacrez ont quelque chofe de moins poli, on y trouve en récompenfe un caractére de franchife, une noble fimplicité, & un goût de pieté & de fageffe infiniment préférables. Par tout ils nous ménent à Dieu: par tout ils infpirent l'amour de la vertu. Les Livres moraux de l'Ancien Teftament, comme celui de *Job*, les *Pfeaumes*, & les *Proverbes*, renferment plus d'excellentes maximes & de beaux fentimens, qu'il n'en eft jamais forti de la bouche des Philofophes. *Homere, Pindare, Callimaque*, n'ont fçû chanter que de fauffes Divinitez, ou de foibles Héros. Le Pfalmifte Sacré deftine fa voix à de plus faints concerts : Il chante le Roi des Rois, & cela avec de fi nobles tranfports, avec des penfées fi naturelles, & pourtant fi fublimes, que plus on les lit, plus on fe fent l'ame élevée & ravie en admiration. Les Orateurs Payens ne fe font exercez que fur des affaires politiques, ou fur des jeux d'imaginagination. Les Prophétes ont prêché la vertu , & ont déployé toute leur éloquence , pour imprimer fortement l'horreur du vice. Cette éloquence eſt ſans art ; Toutefois elle eſt variée, abondante , forte & majeſtueuſe ; Je ne ſçai quoi de divin ſe fait ſentir dans leur langage. Comparez les 14. prémiers chapitres de Jérémie , & ſi vous voulez tout Iſaïe , avec les plus beaux endroits de DEMOSTHENE & de CICERON ; vous trouverez que ceux-ci , avec toute leur habileté & leur génie , demeurent fort au-deſſous.

Or je demande , d'où peut venir cette ſublimité , & ſur tout cette connoiſſance du Vrai, qui ſeule eſt la baſe de la vraie éloquence? D'où vient que chez une Nation, qui eſt bien éloignée de l'emporter ſur les autres en génie & en ſavoir, il ſe trouve pourtant des Ecrivains cent fois plus eſtimables que ceux d'aucun autre Pays? D'où vient qu'eux ſeuls ſavent s'élever au deſſus des idées baſſes que les Payens ſe faiſoient de la Divinité , & comprendre que les

Ido-

Idoles font des *chofes vaines*, qu'on ne peut fervir fans *abomination* * ? D'où vient que ce Peuple unique n'adore point les Aftres, comme les Chaldéens, ni le Bœuf ou le Crocodile, comme les Egyptiens, ni des Hommes ou des Génies, comme prefque toutes les Nations ? D'où vient qu'il eft exemt de toute crédulité à l'égard de la Magie & des autres fuperftitions fi communes ? D'où vient qu'un fi petit Peuple, à peine connu des autres, & méprifé par eux, les furpaffe pourtant tous, & fe trouve feul préfervé de la contagion générale ? C'eft là un exemple bien étonnant, & qui doit fort embarraffer ceux qui ne veulent point reconnoître de Révélations divines. Car quelle raifon rendront-ils de tant de prérogatives finguliéres, & par quelles régles naturelles pourront-ils expliquer un tel Phénoméne ? Il n'y a qu'un moyen de le comprendre facilement ; c'eft d'avoüer que le Seigneur a *donné fes Statuts à Jacob,*

&c

---

* Voyez *Efaïe* ch. XLI. & ailleurs.

& ses Ordonnances à Israël, préférablement aux autres Nations. En interrogeant ce Peuple, vous trouverez qu'il ne se fait point honneur à lui-même de ses lumiéres, mais qu'il rapporte tout à Dieu. Et quand il ne le diroit pas, la chose parle assez d'elle-même ; A voir ce qu'il professe, on reconnoit facilement à quelle école il a été. Quand il n'y auroit donc que l'excellence de la Religion Judaïque considérée en elle-même, on comprendroit déja qu'il faut que Dieu se soit communiqué d'une façon toute particuliére aux Hébreux.

Mais c'est de quoi l'on a pû se convaincre encore mieux, par l'Histoire & les *Miracles*, dont il a été parlé dans le troisiéme article. Cette Histoire, comme on l'a fait voir, est la plus authentique & la plus vénérable qui nous reste de l'Antiquité. Les récits qu'elle contient ne peuvent être suspects, soit que l'on considére la qualité des Auteurs, témoins pieux & irréprochables, dont la candeur se manifeste par cent endroits differens ;

soit

foit que l'on veuille avoir recours à ce que nous avons de monumens pro-fanes qui confirment ces récits ; foit que l'on péfe la nature même des évé-nemens dont il s'agit, qui font tels qu'on n'auroit pû les fuppofer fans que la fraude fautât aux yeux ; foit que l'on envifage le tiffu de la narra-tion, & diverfes circonftances qui ne permettoient point une femblable infi-délité ; foit enfin que l'on péfe les fui-tes & les effets que ces événemens ont eus, tels que la diftinction d'un Peuple unique, confacré au fervide du vrai Dieu, & qui obferve depuis trois mille ans une Loi & des Cou-tumes rélatives à ces faits là: Tout cela donne à l'Hiftoire Sainte un de-gré d'autorité & de certitude, dont prefqu'aucune autre Hiftoire n'appro-che.

Enfin ce qui découvre manifefte-ment un foin particulier de la Provi-dence envers ce Peuple, ce font les Prophéties, dont il a été parlé en qua-triéme lieu. Car à quelque nombre qu'on les réduife, & de quelque ma-

V

niére

niére qu'on les envifage, on ne fauroit nier qu'elles n'ayent quelque chofe d'admirable & de frappant.

Maintenant, que l'on réüniffe toutes ces preuves, & qu'on les péfe mû-
rement: Ce qu'on peut leur oppofer
eft-il de quelque poids en comparaifon?
Soyons équitables, & que la paffion de
contredire ne nous aveugle point, en
des chofes où il importe fi fort de
chercher la vérité de bonne foi. Que
peut-on défirer de plus dans une telle
antiquité ?   Et quand on accorderoit
que toutes les difficultez ne font pas
levées, n'eft-il pas certain au moins
que les preuves qu'on a alléguées
font extrêmement fortes, & qu'à prendre le parti des Incrédules on fe
jetteroit dans des difficultez infiniment
plus grandes ?   Car alors, comme il
a été dit, ce Peuple, cette Religion,
deviennent un Enigme impénétrable.
Vous ne pouvez rendre raifon de rien.
Pour ne vouloir pas reconnoitre une
Révélation divine, qui applanit & fait
entendre tout le refte, vous êtes obligé de recourir à vingt fuppofitions
dif-

ɔ différentes , toutes plus étranges &
ɪ beaucoup moins croyables que ce qu'on
ʳ voudroit rejetter.

Mais ce qui achéve de réfoudre la
queftion , & qui doit diffiper tous les
doutes, c'eft ce qui a été infinué dès
le commencement, & que le Lecteur
ne doit jamais perdre de vûë; favoir
que la Révélation Judaïque fait corps
avec le Chriftianifme ; de forte qu'outre les preuves qu'elle a en elle-mè-
me de fa vérité, elle participe encore
à toutes celles de la Religion Chrétienne. L'éclat de l'une réjaillit fur
l'autre, & lui prête un nouveau jour :
Ce font là deux parties inféparables,
qui fe fortifient mutuellement. Quand
un Difputeur éleveroit quelque doute
contre ce qui a été propofé dans cette
Section , il n'auroit encore rien fait
pour le fond de la caufe. Cela pourroit tout au plus embarraffer un Juif
qui ne tire fa foi que de l'Ancien
Teftament; quoiqu'on vienne de voir
qu'en ce cas même fa foi auroit des
fondemens très - folides. Mais avec
des Chrétiens , il faudroit que ce
V 2

Difpu-

Difputeur portât fes coups jufques fur l'Evangile ; Or la vérité de l'Evangile eft au-deffus de toute atteinte , comme on efpére de le faire voir dans la fuite de cet Ouvrage.

Fin du Prémier Tome.

TABLE

TABLE

DES CHAPITRES

Contenus dans ce PREMIER TOME.

SECTION I.

Du besoin que le Genre Humain avoit
de la REVELATION.

CHAPITRE PREMIER.

CHAPITRE III.

CHAPITRE IV.

CHAPITRE V.

CHAPITRE VI.

SEC-

SECTION II.

SECTION

SECTION III.

De la Vérité de la REVELATION JUDAIQUE.

CHA-

CHAPITRE V.

CHAPITRE VI.

CHAPITRE VII.

CHAPITRE VIII.

CHAPITRE IX.

CHA-

CHAPITRE X.

Conclusion. 287

FIN.

ERRATA.

page 181. *ligne* 4. ce qui *eſt mis en* Note Liv. I. *ſe doit joindre avec la* Note *plus bas* contre Appion.
p. 222. Note avoir pris.
p. 236. *ligne* 11. parcequ'il ; *liſez* qu'il.
p. 238. *ligne* 5. ſautoient ; *liſez* ſautent.
p. 264. *ligne* 14. diſtingue ; *liſez* la diſtingue.
p. 245. *dans la* Note, prime-geniture ; *liſez* primo-geniture.
p. 272. *ligne* 6. † *liſez* *.